這輩子只做一件事，
那就是為自己做
「決定」

序言

序言：

靠近海邊的草地上，牧羊人正放牧著他的羊群。

他在海邊蓋了一間舒適的小茅屋，讓羊群在這塊豐饒的地方吃草。他幸運地過著日子，不知何為榮華富貴，也不知道貧困。像他這樣淡泊而愉快的生活，世上許多人還無法擁有。

然而一天天望著大海，看見船隻運來了各式各樣新鮮珍貴的東西，碼頭上堆滿了大量的貨物，倉庫裡裝得滿坑滿谷奇珍異寶，以及貨物的主人們又怎樣的養尊處優——牧人就急切地想去碰一碰運氣。

他終於決定了！他賣掉了茅屋和羊群，買進了各種貨物，裝上一條小船，就從海口出發了。他決定要去冒險！

他的冒險卻是短促的！大海變幻無常，小船剛走了不遠，海上颳起了可怕的風暴。小船失事了，貨物完全沉沒了，他自己好不容易才掙扎著游到海灘上。

他又重新當起牧人來了，不過有一點不同——他再也沒有自己的羊群了！

雖然損失很大，但憑著時間和耐心，他相信有再大的損失也是可以恢復的。

憑藉著努力、毅力，他終於再一次擁有一群羊，他又跟從前一樣是羊群的主人了。

序言

這一天，牧人同樣坐在沙灘上，燦爛的陽光在他頭上照耀，溫馴的羊群在他旁邊吃草，他仔細打量著大海，大海向他閃耀著迷人的光芒。

那一片平靜的海沒有一點漣漪，那麼平靜地躺在那裡，遠處的巨大船隻正順利地向碼頭駛來。

他突然對大海說：「我不再對你動心了，你本來就不屬於我。你還想吞沒更多的錢財吧？如果是我的錢，你就休想了。你找別人去吧，找那些意志還不堅定的人，你已經搜刮過我了。像我這樣的傻瓜也許還有很多，可是你再也別想從我這兒帶走一絲一毫了！」

☑

並非每個人都適合「下海」，也並非每個人都會在「下海」後撈到財富。如果你生性平和淡泊，如果你缺乏冒險的準備和能力，如果你對自己現在的工作和生活感到還滿意，就不必為了追逐幻想而勉強為之。要知道，如果你是一個牧人，你的財富就不在海上。

目錄

目錄

相信自己

他曾經是這樣一個人：

在他十歲的時候他迷上了畫畫，對那些五顏六色的顏料產生了濃厚的興趣，他發誓這輩子一定要成為一個畫家。為此，他付出了整整十年的不懈努力。但是到二十歲時，美術界的一位老前輩非常委婉且態度明朗地告訴他：你可以在其他的道路上走得更為暢通一些，而絕不是在美術上。

這句話就像一聲股雷聲般地將他孕育了十年之久的自信和堅持陡然摧毀了。

「我難道真的不是一塊當畫家的料？」他這樣問自己，然後他流著眼淚燒盡了自己十多年所有的畫稿，棄畫從商。

在以後的日子裡，他什麼都做過：賣水果、擺地攤，甚至還在馬路旁修過單車……但是無論做什麼，他都對自己的職業注入了希望，並全心全意地為此付出了勤勞和堅持，當然還有睿智。

幾十年過去了，他終於成為一位擁有數百萬資產的企業家。但是有一次，他的一位兒時的朋友突然對他說了一句話：

「我真的很佩服你對待一件事物的堅持和執著，我敢肯定，無論你做什麼事情，你都可以做得很好，都可以成功，我相信。」他再一次被一句話深深地震撼了。

Make a
Decision

不久，他拿起了久違的畫筆。

幾年後，他的一幅作品被美國一位收藏家看中，並以高價買走，之後這位畫家說：「年輕人，相信自己能完成任何一件事，千萬不要讓別人的一句話就否定你，哪怕那個人是上帝！」

☑

在很多時候，失敗就是一個舊傷疤，不論是誰，也不論是多麼堅強無畏的人都會有意避開它，不再提起。但，失敗仍然在那裡靜靜地存在著，我們只有敢於直視失敗的痛苦，才能將慘痛的教訓化做改變和發展的機會。

Nothing
is
impossible !

凡事多留餘地

在生活中，尷尬的事情很多，但大多數尷尬的局面是由自己一手造成的。生活中的很多事，都是因為話說得太絕、事做得太過分所造成的。在日常生活中，應該儘量避免爭辯，凡事要有迴旋的餘地。多為對方考慮，每當有爭辯的時候，為自己、也為別人留一些餘地。

這種情況在外交場合見得最多。每個外交部發言人都不會說絕對的話，要嘛是「可能」、「也許」，要不就是含糊其辭；以便一旦有變故，可以有轉圜的餘地。大庭廣眾之下，面紅耳赤的爭辯，甚至人身攻擊，往往會把事情引向我們期待的反面。

避免與人爭辯是一個人成熟的標誌，初出茅廬的年輕人一般總喜歡說大話，做出超過本分的事。而深思熟慮的人則是以靜制動，能夠找到一種能夠被人接受的方式來說服對方。

凡事留有餘地，這種處世方式是給自己方便，也是給別人方便。當你沒能順利達到預期目標時，壓力也不會太大，別人也不會太責怪你。

商場上談判似乎更需要這種技巧。即使你明知對方的問題出在哪裡，也不要尖銳地指出來，而是應該用一種婉轉的方式告訴對方。

Make a
Decision

凡事多留餘地

即使是做父母的人，也不要在自己的孩子面前表現絕對的權威。如果小孩的學習成績不夠理想，不要用恨鐵不成鋼的辱罵來傷害他的自尊。有時候，膚淺的指責和謾罵，會點燃孩子對父母的敵對情緒；嚴重的甚至可能影響人的一生。

☑

要避免爭辯，因為這是很不合邏輯的說服方法。意見就像釘子，你愈是用力敲，它就鑽得愈深。在任何情況下，都不要把對手逼入絕境，對人寬容一些，會獲得別人的感激。

Nothing
is
impossible!

上帝的生活經驗

我在夢中見到了上帝。

上帝問道：「你想採訪我嗎？」

我說：「我很想採訪你，但不知道你是否有時間。」

上帝笑道：「我的時間是永恆的。你有什麼問題嗎？」

「你感到人類最奇怪的是什麼？」

上帝答道：「他們厭倦童年生活，急於長大，而後又渴望返老還童。他們犧牲自己的健康來換取金錢，然後又犧牲金錢來恢復健康。他們對未來充滿憂慮，但卻忘記了現在；於是，他們既不生活於現在之中，也不生活於未來之中。他們活著的時候好像從不會死去，但是死去以後又好像從未活過……」

上帝握住我的手，我只能沉默。

我又問道：「你有什麼生活經驗想要告訴我們的？」

上帝笑著回答道：「你們應該知道，不可能取悅於所有的人。你們所能做的，只是讓自己被人所愛。

你們應該知道，一生中最有價值的不是擁有什麼東西，而是擁有什麼人。

你們應該知道，與他人比較是不好的。

你們應該知道，富有的人，並不是擁有的最多，而是需要的最少。

你們應該知道，要在所愛的人身上，造成深度的創傷，只要幾秒鐘；但是治療創傷，則要花好幾年的時間，甚至更長。

你們應該學會寬恕別人。

你們應該知道，有些人在深深地愛著你們，但卻不知道如何表達自己的感情。

你們應該知道，金錢可以買到任何東西，但卻買不到幸福。

你們應該知道，兩個人看同一個事物，會看出不同的東西。

你們應該知道，得到別人寬恕是不夠的，你們也應當寬恕自己。

你們應該知道，我始終存在。」

☑

要記住上帝的「生活經驗」；人類對自身的認識十分膚淺，許多淺顯而易懂的真理都視而不見。幸福其實可以很簡單，快樂其實就在身邊。難怪人類一思考，上帝就發笑了。

從小處著手

初學寫作時，我頗為自負，一心想在名氣大的刊物上發表些文章。為實現這一宏願，我日以繼夜地伏案苦寫，因興趣所致，日子雖清苦，我仍樂此不疲。好不容易熬出幾篇「得意之作」，便迫不及待地寄給了幾家大型出版社。

可惜的是，一篇篇凝聚著我心血的文字投出去，都成了斷了線的風箏，杳無音訊。我陷進了一種近乎絕望的境地，於是我決定要放棄，毅然割斷這段文字緣。

一天的傍晚，我站在窗前，捧著一杯茶，慢慢地喝著，漫無目的地看窗外有些蕭瑟的景物，盡可能不去理會文字帶給我的煩惱，我要說服自己做一個活得隨意的人。

就在此時，一隻蝴蝶闖入了我的眼簾。牠從窗戶飛進來，在房間裡一圈又一圈地飛舞。牠看來有些驚慌失措，牠好像迷了路，左衝右撞努力了好多次，都沒能飛出去。

我忽然發現，這隻蝴蝶之所以無法從原路出去，原因在於牠總是在房間頂部的那點空間尋找出路而不肯往低處飛——低一點的地方就是洞開著的窗戶。甚至有好幾次，牠都飛到離窗戶頂部至多兩、三公分的位置了！

最終，這隻不肯低飛一點的蝴蝶耗盡了所有氣力，無力地墜落在桌上。

Make a
Decision

從小處著手

我突然想到了自己的寫作——我不就是這隻蝴蝶嗎？如果目標稍微下調一點、稍微腳踏實地一點，眼前就會海闊天空，風光無限。

從那以後，我重新找回了寫作熱情，又充滿信心地把每個夜晚給了文字。只是，我已不再好高騖遠！一段時間之後，我的文章頻頻出現在各種刊物上。原來，志存高遠與腳踏實地並不矛盾啊！

☑ 迷途的蝴蝶之所以飛不出房間，是因為牠老是飛得太高，而不願降低自己來尋找出路。我們可以心存高遠的理想，但絕不可高高在上，還是得腳踏實地從小處入手。

Nothing
is
impossible!

愛你的仇敵

基督教會的牧師史東向來與浸信教會不合，連參加夏令營的孩子們都知道。一天，史東牧師講到耶穌替門徒洗腳的那一段，為了把甘心作僕人的教訓深印在這些孩子們的心裡，史東牧師把他們分為若干小組，並要求他們出去實際做些服務他人的事。

「在接下來的兩小時內，我要你們到城裡去扮演耶穌。」他說：「假如耶穌在此，他會怎麼做？想想看他會如何幫助人。」

兩小時後，孩子們再次聚集，報告剛剛所做的事。

一個小組用兩個小時的時間替一位老人整理園子。另一組則買了一些冰淇淋，分別送給教會裡其他的小朋友。第三組則是到醫院去看望一位生病的教會會友，並送給他一張慰問卡。

到了第四組報告時，他們的行動，卻被報以噓聲。

因為這一組竟然去找他們的對手——浸信會，問有什麼事需要效勞的。

浸信會的牧師叫他們到一位老婦人家裡替她整理園子。於是，他們花了整整兩個鐘頭的時間除草、整理籬笆和清掃垃圾。

臨走時，老婦人對這些孩子表示感謝之意：「你們這些浸信會的孩子真是我的救星。要是沒有你們，我真不知道該怎麼辦。」

「浸信會？」史東牧師插嘴說：「我認為你們應該告訴她，你們都是基督教會的成員。」

「我們沒有說。」孩子們說：「我們認為那並不重要。」

☑

胸懷狹窄，凡事不饒人，看似強悍，實是愚蠢；豁達大度，寬以待人，不為小事較長短、失理智，看似怯弱，卻是一種處大事的氣度，實是一種以退為進的人生智慧。

小狗與小男孩

寵物店的門上掛了一塊牌子，上面寫著「小狗出售」。

這項訊息顯然把孩子們吸引住了，一名小男孩在那塊廣告牌下徘徊不去。

「這些小狗怎麼賣呢？」他問道。

「二千五到五千元不等。」

小男孩將手伸入口袋掏出一些硬幣：「我只有八十六元，請允許我看看牠們，好嗎？」

老闆笑了笑，向內喊了一聲，一名工讀生從裡面走了出來，他身後跟著五隻毛茸茸的小狗。

其中有一隻小狗遠遠地落在後面。這名小男孩立即發現了那隻落在後面，走路一瘸一拐的小狗。

「那隻小狗有什麼毛病嗎？」小男孩問著老闆。

老闆解釋說：「那隻小狗骨頭是畸形的，所以牠只能一拐一拐地走路。」

小男孩說：「就是那隻小狗，我要買牠。」

老闆說：「你用不著花錢，如果你真的要牠，我把牠送給你好了。」

小男孩十分生氣，他瞪著老闆的眼睛氣憤地說：「我不需要你把牠送給我。這

隻狗和其他的狗價值是一樣的，我會付你全額。我現在就付八十六元。以後每個星期我會付你一百元，直到付完為止。」

老闆說：「你真的用不著買這隻狗，牠根本不可能像別的狗那樣又蹦又跳地陪你玩。」

聽到這句話，小男孩彎下腰，捲起褲管，露出他一隻嚴重畸形的腿。他的左腳是跛的，靠一個大大的金屬支架撐著。他看著老闆輕聲說道：「嗯，我自己也是一隻腳瘸的，那隻小狗需要有一個能理解牠的人。」

☑

人不能因為生理的缺陷而貶低自己做人的尊嚴和價值，就像不能因為身分地位的不同而有高低貴賤之分。

我們都是平等的，因為我們有著同樣的一顆心，有著同樣的靈魂。既不要無端地輕視別人，更不需要無謂地輕視自己。

失敗了也要抬頭挺胸

巴西足球隊第一次贏得世界盃冠軍回國時，專機一進入國境，十六架噴氣式戰鬥機立即為其護航，當飛機降落在道加勒機場時，聚集在機場上歡迎者達三萬人。從機場到首都廣場不到二十公里的道路上，自動聚集起來的人群超過了一百萬，那是多麼宏大和激動人心的場面！然而，這一切跟前一屆的歡迎儀式卻是天壤之別。

一九五四年，巴西人都認為巴西隊能獲得世界盃賽冠軍。然而，天有不測風雲，他們在半決賽中意外地敗給了法國隊，那個金燦燦的獎盃也沒有被帶回巴西。

飛機進入巴西領空，隊員們坐立不安，因為他們的心裡清楚，這次回國凶多吉少。可是當飛機降落在首都機場的時候，映入他們眼簾的卻是另一種景象，巴西總統和兩萬球迷默默地站在機場，他們看到總統和球迷共舉一條大橫幅，上面寫著：「失敗了也要抬頭挺胸。」

四年後，他們捧回了世界盃。

☑ 當我們面臨著巨大的失敗時，千萬不要被自己的失望和傷心打倒——成功的人會善待自己的失敗，只有善待失敗才是對失敗的最大輕蔑。

正視你的錯誤

榮譽就像一件華麗的外衣，擁有它是一件非常幸福的事情。有了好的信譽更要注意維護，有的人因為愛惜自己的聲譽，有了錯誤也不願承認。這樣做的結果只是自毀榮譽。當錯誤一旦發生時，解決它的最好的辦法是及時認錯，只有這樣做才能挽回失去的名譽。

愛迪達公司生產的體育用品，是世界知名品牌，他們一貫堅持品質第一，重視保持信譽，但是，即使是知名品牌也難免會出現產品的缺陷。

一九四八年，第十四屆奧運會在倫敦舉行。在馬拉松決賽中，比利時選手一路遙遙領先；不料到半程時，腳上穿的愛迪達跑鞋破裂，而且裂縫不斷擴大，這位選手眼睜睜看著即將到手的金牌落入他人之手。

當時的新聞媒體迅速報導了這件事，而這個新聞也使得愛迪達公司聲名狼藉。

面對如此重大的事故，愛迪達公司沒有迴避，而是公開向比利時選手道歉，並決定把這一批流落到世界各地的跑鞋一律按原價收回，承擔代理商的一切經濟損失。

為了讓大眾重新恢復對愛迪達產品的信任，公司嚴格控管產品品質，不斷提高檢驗標準，終於使產品品質更上一層樓。

因為愛迪達公司這種勇於正視錯誤、面對失敗的勇氣，所以才能一直保持著世

正視你的錯誤

界品牌的形象。

☑ 承認自己的錯誤，是最難的事。然而，解決一件事情的最好辦法，就是老老實實承認自己的失敗。

一旦發現了自身錯誤，就會像是搭上了一輛方向完全相反的列車，如果不及時下車的話，就會被它帶到遠離目標的地方去。

把話聽完

一位商店經理剛從外面回來。一進門，就聽到自己的店員對顧客說：「沒有！好幾個星期連一點也沒有，我看照這個情形，最近也不大可能有了！」

他一聽之下，十分震驚，一個箭步衝到櫃台前，那名顧客正要離開，他急忙笑著說：「太太，請留步，剛才他記錯了，其實不是這樣的。我們很快就會有了，訂單兩個星期前就發出去，東西馬上就會到了。」那位太太很奇怪地看了看他，微微地點了下頭就走了。

這位經理立刻就把那位店員叫到旁邊，大聲地指責道：「你是怎麼做生意的？知不知道，絕對不可以對顧客說我們沒有這種商品……就算是真的沒有，也得說訂單已經送出，很快就要到貨了。」

那位店員連忙點頭答是，他又問：「顧客剛才到底要買什麼？」

「她是問最近會不會下雨。」店員答道。

☑

「傾聽」是一種用金錢無法換來的美德，任何急躁的做法都只是蠻幹的孿生兄弟，對他人的話語斷章取義就是對自己的一種折磨，所以最好平靜一下自己的心態，可以讓自己活得更從容。

勇敢面對

有一位販運珍珠、布匹的商人在海上遭遇了海盜，所有值錢的東西被洗劫一空。悲憤的商人喝得酩酊大醉，並且決定跳海自殺。喝的迷糊中，他昏昏沉沉睡去。

第二天早上，商人醒來的時候，他發現自己躺在空空的甲板上，潔白的海鷗圍繞著船舷飛舞，眼前是湛藍的天空。

這個時候，他想到了遠方的親人，他的母親已經八十多歲了，這個時候也許正在倚門望子。他的妻子年輕美麗，他非常愛她——為了她們，他也要活下去。

決心活下去的商人發現生命本來是一件非常美好的事情，無論遇到什麼樣的困難，都不值得去放棄。

他在同伴的幫助下，重整旗鼓，很快又變成了富甲一方的商人。

☑

不要僅僅因為生命艱苦，就期待死亡。落在雙肩的負擔會協助你實現命運，要卸除負擔的唯一方法，就是找到合適的生活方式，來實現自己的命運。

人生是一項太沉重的工作，人在創造價值的過程中，難免會有諸多苦難，於是產生了逃避甚至放棄生命的念頭，如果有「欲平天下，捨我其誰」的勇氣，就一定會振作起來，成就人生的輝煌。

生氣的原因

有一個人經常愛發脾氣，稍微有些不如意的事，就能讓他火冒三丈，暴跳如雷，別人都不願意和他交往。

後來他發覺易怒的壞處，決心要改正它。於是仔細檢討自己發怒的原因，覺得每次發怒都是由於別人的言談行為不合自己引起的。因此，為了避免自己發怒，提高自己的修養，他一個人跑到一個遠離人群的深山隱居起來，天天在那兒修身養性。

有一天，他拿著一個陶罐去河邊打水，剛走兩步，腳下絆了一下，一罐剛打滿的水就灑了。他只好再返回裝滿，但剛走到半路，一個不小心，又把罐裡的水灑了一地。到他第三次提完水回去的路上，同樣的事又發生了。他一氣之下，把陶罐使勁地摔到地上。「砰」地一聲響，讓他一下子恍然大悟。

他望著滿地的碎片，自責地說：「我以為以前發怒都是別人引起的。但現在就我一個人，我還有這麼大脾氣，可見怒氣是從自己心中生出來的。」

☑ 為了不值得的小事而變得暴躁和大發雷霆，既傷害了別人，又傷害了自己。所以遇事不如多想一下，寧可慢些，不要太急而出錯誤；寧可笨些，不要太巧而敗事。

耳聾的先生

有一個人發現他說話時，他妻子經常沒有反應，他便懷疑妻子的聽力有問題。他決定測驗一下妻子的聽力，看看到底壞到什麼程度。隔天下班回到家後，他發現妻子正在廚房裡做菜。他放下皮包，輕手輕腳地走到太太背後大約十公尺的地方。

「太太，我回來了，妳聽到我的聲音了嗎？」

但他的妻子沒有任何反應，他心想妻子果然聽力不大好，於是他又走到離她五公尺的地方。

「太太，我跟妳說話呢，妳聽到我的聲音了嗎？」

他的妻子依然沒有答腔，他有點吃驚，心想：妻子的聽力問題真不小啊，這麼近居然都聽不到。他又向前走到離她只有三公尺的地方。

「太太，這次妳聽到我的聲音了嗎？」

「聽見了。」他的妻子很不耐煩地說：「這已經是我第三次回答你了！」

☑

其實當自己認為是對方做錯了事的時候，還要檢討一下自己，到底是誰做錯了？錯在哪？因為有時產生這種情況的原因，是我們先入為主的觀念蒙蔽了自己的雙眼。

商人的靈感

創出一個知名的品牌不是一個簡單的事情，但是，對於聰明的商人來說，卻有許多機會就在你的身邊。

對喜愛偵探小說的讀者來說，這個地址一定不陌生——倫敦貝克街二二一號B座，這是英國著名偵探小說家——柯南道爾，在他的偵探小說中塑造的神探——福爾摩斯住的地方。

儘管柯南道爾先生自己已經去世多年，福爾摩斯更是個虛構的人物，但是倫敦「倫敦貝克街二二一號B座」每年仍要收到許多來自世界各地，福爾摩斯崇拜者的信件。

一位聰明的倫敦商人，眼見這個地址如此深入人心，他便開始思考，應該如何利用這個「福爾摩斯效應」。

他不惜成本買下了這塊地皮，並且開了一家汽水廠。生產的汽水便以「二二一—B」命名，商標上還印有福爾摩斯叼著菸斗的頭像。

結果，「二二一—B」汽水一上市，便獲得廣大倫敦市民的喜愛，喜歡福爾摩斯的人們都說：「喝了二二一—B汽水，一定會像福爾摩斯一樣聰明。」

汽水的成功不僅在於這位商人的聰明才智，還有他對商機的把握。

商人的靈感

☑ 任何一個十足的傻瓜都可以做成一筆交易，但是樹立一個品牌卻需要聰明才智、信念和毅力。對於聰明的人來說，只要有靈感，身邊可以利用的「品牌效應」無處不在，活躍的思維會成為人一輩子受之不盡的財富。

機智的長者

有幾個礦工，在距地面很深的地下坑道中工作。有一天，他們正在工作的時候，礦燈竟然發生故障全部熄滅了。坑道裡頓時一片漆黑，伸手不見五指，大家一片驚慌，大家拼命地到處找出口。轉了幾個圈子之後，更加分不清東西南北。折騰了半天之後，幾個人精疲力盡，只有坐下來休息。

過了一會兒，其中一個年長的礦工就建議說：「我們這樣像無頭蒼蠅似的到處亂撞，也不是辦法。我看我們不如坐在這兒，看看能不能感覺到風的流動。如果有風的話，那一定是從洞口那邊吹來的，我們就能找到出口了。」

大家也沒有別的辦法，於是都同意了他的建議，一聲不響地坐在那兒。一開始除了無邊的沉寂，什麼也感受不到。可是過了一段時間後，他們就逐漸感受到一陣陣十分微弱的風吹拂在臉上。他們順著風的來處，終於找到了出口。

☑

在恐懼和慌亂時，往往找不到真正解決問題的辦法。與其在慌亂中摸索，不如讓那顆浮動的心沉下來，答案也許就在你眼前。

十元硬幣的價值

某天早上，富翁去停車場取車，他伸手在口袋裡拿車鑰匙時，不小心掉了一個十元硬幣，這枚硬幣剛好滾到另一輛車的車輪底下，只要車子開動，那枚硬幣便會掉進路邊的水溝，於是他蹲下身來，試著要把硬幣撿起來。

這時，停車場的管理員看見富翁蹲下，便急步走上前詢問，發生了什麼事？富翁便告訴他事情的原委。

管理員一聽，馬上蹲在地上幫他將那枚硬幣撿起來。富翁收起硬幣，又從皮包掏出一百元來謝謝那個管理員。管理員困惑地看著富翁，不明白他為什麼要這麼做？

富翁說：「如果我不撿回這個十元硬幣，車子一開，它就會掉進水溝，這硬幣將會在世上消失了它的價值。現在我撿回它，它便可以延續它的用途。我另外給你一百元，是感謝你對我的幫助。這些錢也是有用的，它們的價值都不會消失。」

☑ 錢可以用，但不可以浪費。

金錢和所有的物質一樣，都應遵循物質守恆定律，都應該在各種用途中發揮最大的作用。

俯拾皆黃金

淺野總一郎年輕時從故鄉的山村來到了滿眼繁華的東京。當時的他身無分文，在東京也舉目無親。

他去找工作多次碰壁，吃飯也成了問題。就在他對未來一籌莫展的時候，有一天他發現了一個水泉，已經整整兩天沒有吃東西的淺野總一郎，從泉眼裡接了一點水來解渴，沒想到，他一喝泉水，頓時覺得非常清涼非常可口。

「乾脆賣水算了。」他心裡這樣想。於是，他開始在路旁擺起了賣水攤，開始了他的賣水生活。

經過了幾年的努力，他已賺了一筆為數不少的錢，於是開始經營煤炭零售的生意。

當他三十歲時，當時的橫濱市長聽說他擅於將無價值的東西產生出價值，於是，便問他說：「你以很會利用廢物而聞名。但如果是人類的排泄物，我想，你就沒有辦法利用了吧？」

「只收集一兩家的糞便當然不會賺錢，但是收集數千人的大小便就會賺錢。」

「什麼意思呢？」

「做公共廁所。」於是，淺野就在橫濱市設置了六十三處公共廁所，因而成為日本公共廁所的始祖。

☑世上本沒有無價值之物，只是無價值的人無法發現它們潛在的價值。

第一人之爭

第一次登陸月球的太空人其實共有兩位，除了大家所熟知的阿姆斯壯外，還有一位是奧爾德林。當時阿姆斯壯說過一句話：「我個人的一小步，是全人類的一大步。」這早已是全世界家喻戶曉的名言。

在慶祝登陸月球成功的記者招待會中，一個記者突然問了奧爾德林一個很特別的問題：「阿姆斯壯先下去，成為登陸月球的第一個人，你會不會覺得有點遺憾？」

在全場有點尷尬的目光注視下，奧爾德林很有風度地回答：「各位，千萬別忘了，回到地球時，我可是最先出太空艙的。」

他環顧四周笑著說：「所以我是由別的星球來到地球的第一人。」

大家在笑聲中，給予他最熱烈的掌聲。

☑

在一個成功的團隊中，每個人都有其地位與作用。鮮花和掌聲不可能均等地分配給所有成員，大家都想出風頭，也許就不會有成功。

珍惜手中所擁有的

有一個老漁夫在海裡撈到了一條大金魚，大金魚求老漁夫放了牠，為了報答老漁夫，牠可以幫助老漁夫實現一個心願。

於是漁夫的老太婆向大金魚提出了第一個要求——要一只新的木盆。大金魚滿足了老太婆的要求，他們得到了一只新的木盆。

但是，老太婆的要求不斷升級，一個比一個苛刻，最後竟要做海上的女霸王，要大金魚也來服侍她——後來她什麼也沒有了，就連最初得到的木盆也化為烏有。如果不是老太婆的貪心，他們最起碼可以得到大金魚最初的饋贈——新的木盆。

對於手中的財富，我們也要時刻懷著感恩的心情去珍惜，對於自己無法得到的，也不去奢望。沒有百萬名車，出門的時候叫一輛計程車也不錯；如果囊中羞澀，「安步當車」又有何妨？

真正值得珍惜的，是我們握在手裡的東西。

珍惜手中所擁有的

☑ 能夠擁有想要的東西是很大的幸福，但能夠不思索自己沒有的東西才是更大的幸福。人們總是認為財富和幸福之間有著必然的聯繫，到底有多少份財富才能置換一份幸福呢？這個問題其實很簡單——如人飲水，冷暖自知。

實踐

阿光沒有學歷，也沒有財產，唯一擁有的就是：平凡人要出人頭地的那種決心和幹勁。

他的父親開了一家水果店，但不久就因虧本無力支撐而關門。他父親再接再厲，又開了一家修理電器的店，生意漸漸有了起色。就在阿光唸完高中時，父親希望他放棄升學幫忙做生意。

做生意就必須瞭解技術，於是阿光每天總在夜深人靜的時候，將家裡一些報廢的家電拆開研究。沒多久，就成了父親得力的助手。

阿光無論做任何事，都非常努力、全力以赴的去做；在他二十五歲的時候，他決定獨立創業。

與父親整整溝通了三天，父親終於決定讓他去闖闖。於是，他獨立開設了一家電腦公司，不僅販賣電腦硬體，他也結合了一些志同道合的人，開設起電腦補習班，專門教授各項電腦維修技巧、程式設計等。

阿光創業的真理來源於實踐。他憑著堅強的毅力，開創出屬於自己的事業。

實踐

☑ 每個人都有他隱藏的才華，和任何別人的才華不同，它使人具有自己的氣味。只有勇往直前的人才能走到最艱險的路，只有永不停止的人才能爬上最高的山。世上沒有比腳更長的路，沒有比人更高的山。

只能利用，不可重用

辦公室主任老王即將自工作崗位離開，臨走時，老王向董事長推薦了兩個人，一個是祕書小李，一個是副主任小丁。

老王說，這兩人都是跟在自己身邊多年的人，對自己業務都十分熟悉，無論哪一個人擔任主任一職，一定很快就能進入狀況，並且繼續帶領下屬，迎向更新的挑戰。

沒多久，董事長喬遷新居，眾人紛紛前去道賀。

這天，小李買了兩罐冠軍茶，便來到董事長家祝賀。董事長招呼他坐下時，他不經意一瞥，頓時傻了眼；在一瓶瓶人頭馬、白蘭地、約翰走路等洋酒中，小李送的茶葉，彷彿格格不入的孤立在那！

沒坐多久，小丁就託人送給董事長一套純毛地毯。這是小丁拜託別人事先弄到董事長家的設計圖，花高價到工廠直接訂做的，其大小、顏色，皆與客廳不差分毫，董事長顯的十分高興。

半個月後，小李升任為辦公室主任。有人私下問董事長為何不提升小丁？

董事長解釋道：「此人心眼太多。只能利用，不可重用。」

Make a
Decision

☑ 每個人的心理都有一個不可侵犯的空間，不識趣地窺探，你是要付出代價的，正是「沒有了距離，也就沒有了美感」。

Nothing
is
impossible!

一心不要二用

有一個農夫，又有房子又有田地，家境十分富裕。

他花錢雇了一個佣人，想請他趕走闖進院子的流浪漢，還有烘烤麵包，以及天天澆灌和收拾菜園。那佣人非常用心，盡力想把工作做好。

這一天農夫出門去，待他回到家裡一看，菜園也沒有收拾，麵包也沒有烘烤；而叫他加倍惱火的是：小偷爬進了院子，把穀倉偷了個精光。

農夫非常生氣地大罵那佣人。但對於每一項過失，那佣人都有一番辯解：為了整理菜園，他把烤麵包的事暫時放下了；收拾菜園吧！唉，才整理一半，又想到看守院子的時候到了；至於錯過小偷的那一刻……因為他正好想去烤麵包。

☑

當面對很多的工作時，我們常常會心煩意亂，無法專下心來一樣樣去解決、完成，並且會有焦慮不安，時時惦記著其他未完成的事情。在這種情況下，最終總是哪一樣也沒有做好。

迷失的真理

有位樵夫生性愚鈍，有一天他上山砍柴，不經意的看見一隻從未見過的動物，於是他上前問：「你是誰？」

那動物開口說：「我叫『領悟』。」樵夫心想：「我就是缺少『領悟』啊！把他捉回去好了！」

這時，「領悟」就說：「你現在想捉我嗎？」

樵夫嚇了一跳：「我心裡想的事他都知道！那麼我不妨裝出一副不在意的模樣，趁他不注意時再捉住他！」

結果，「領悟」又對他說：「你現在又想假裝成不在意的模樣來騙我，等我不注意時，將我捉住。」

樵夫的心事都被「領悟」看穿，所以就很生氣：「真是可惡！為什麼他能知道我在想什麼呢？」

誰知，這種想法馬上又被「領悟」發現。他開口道：「你因為沒有捉住我而生氣吧！」

於是，樵夫從內心檢討：「我心中所想的事，好像反映在鏡子裡一般，完全被『領悟』看清。我應該把它忘記，專心砍柴。我本來就是為了砍柴才來到山上的，

迷失的真理

實在不該有太多的慾望。」

樵夫想到這裡，就揮起斧頭專心砍柴，一不小心，斧頭掉了下來，卻意外地壓在「領悟」上面，「領悟」立刻被樵夫捉住了。

☑

我們常想去悟出真理，卻反而為了這種執著而迷惑、困擾。因此只要恢復直率之心，徹底地順從自然，道理就隨手可得了。

腳踏實地的精神

小鷹對老鷹說：「媽媽，總有一天，我要做一件讓全世界都為之驚嘆的事。」

「什麼事？」

「飛遍全球，發現前人未發現的東西。」

「這太好了！不過你必須學習和掌握各種飛行技術，以躲避狂風，節省體力，加快速度。」

於是，小鷹專心致志地苦練飛行技術，其餘的事一概不聞不問。

幾天過後，老鷹對小鷹說：「咱們一起覓食吧！」

小鷹不耐煩地說：「媽媽，您去吧！我沒有時間做這種沒有價值的事！」

母親吃驚地說：「這是什麼話？」

「是您讓我集中精力進行訓練，為什麼又用這些毫無意義的小事分我的心呢？」

母親循循善誘地說：「飛行訓練應該包括尋找食物。否則，飛起的第一天就會挨餓，第二天就無力升空，第三天就會餓死。」

☑ 探求光明的夢想需要腳踏實地的精神，輝煌的人生應當從根本做起。要知道，世界上或許有人一鳴驚人，但絕沒有人一步登天。

大開方便之門

一家夏天賣冷飲、冬天賣熱飲的小店，有一個別家所沒有的特色——設有二手貨市場消息。許多有舊東西要清倉的，或想買些中古貨的，都可由佈告欄上的線索，自行打探、選擇。所以，這家店面雖然不大，但生意頗好，非常受到客人歡迎。

其實老板設計這塊看板，源於一位顧客的提議與委託，因為那位顧客要出國，急於拍賣一些雜物、電器用品，希望能在他的店裡貼張紅紙條。沒想到有人見了那張紅紙條，也群起仿效，委託店老板代貼。

最後，有人建議老板不妨設一張白板，讓大家寫寫，老板覺得點子不錯，隔天店裡就多了一張白板。

反之，假如你不懂得傾聽顧客的聲音，自顧自地關起門來做生意，就會發生下列的例子：某家舊書攤賣的舊書報的價錢，竟然有的並不下於市面上的新書價格。每次顧客跟老板討價還價，他總是不依，所以許多顧客寧可多走幾步，到隔壁另一家書攤買五折書。

大開方便之門

☑ 打開方便之門，既為別人提供了幫助，自己也得到了利益。古舊、死板、閉門造車，只能讓自己與這個世界越來越遠。

意氣用事

一個單身漢，獨自住在用茅草搭起的房子裡。他勤勞耕種，自食其力。漸漸地，柴米油鹽醬醋茶之類的生活必需品越來越齊備了。

但是令他惱火的是，茅草房裡老鼠成災。那些老鼠白天亂竄，晚上亂叫，不時還磨牙，終日鬧個不休，這單身漢滿腹怨氣，卻又無計可施。

有一天，這單身漢喝完酒回家，躺在床上睡覺。這時老鼠們鬧得更兇了，在他身旁竄來竄去，彷彿在向他示威，故意要惹他生氣。

單身漢怒火中燒，藉著一身酒氣，一把火把自己的茅屋燒個精光。

老鼠是沒了，但是他辛苦建立的家業也沒了。

☑

當我們憤怒時，不妨問自己：「憤怒能解決問題嗎？」儘量試著找出建設性的方法，而不是意氣用事。

不做無謂的抱怨

一早開始，三個牛仔就一直騎馬走在小徑上。由於忙著趕集，尋找失散的牛群，他們三個一直沒時間吃飯。

直到太陽已經快要西下時，其中兩個牛仔才開始談論他們今天是多麼的辛苦、如何的飢腸轆轆，還有回到鎮上時要吃什麼樣的豐盛大餐。

當其中一個牛仔問第三個牛仔是否也餓了時，他只是笑了笑聳聳肩說：「不餓。」

到了晚上，他們抵達鎮上後，他們隨即到餐廳，點了非常豐富的晚餐。那第三個牛仔非常高興地一道接一道吃著他眼前的每一樣食物時，另兩個牛仔疑惑地問他說：「你剛剛不是還說不餓嗎？」

「那時感到飢餓並不明智。」他回答：「因為沒有食物。」

☑

無謂的抱怨只能說明一個人的無能，對於自己有能力改變的境況，就振奮精神去改變它。對於自己無法改變的事情就去適應它，服從它，直到自己有能力的那一天。

專心一致

日本江戶時代有一個茶師，平時很喜歡做武士的打扮。這天，他在街頭碰到了一個真正的武士。那人一把拉住茶師，就非要跟他比試劍術不可。茶師急中生智，騙武士說：「我要去辦一件重要的事，等辦好了再來與你比武。」

茶師趕到全城最有名的劍道館，把比武一事說了一遍，懇求劍道師父指點一番。劍道師父要他先泡一壺好茶給自己喝，然後才肯教他。

茶師就竭盡全力泡好了那壺茶。

師父喝了十分感動，就對他說：「一會兒比武時，你就保持現在泡茶的心態。」

那武士還在街頭等茶師。可是當他一眼看見面貌一新的茶師時，就大吃一驚，心想：「對手的武功彷彿又高強了許多。」於是就趕緊溜走了。

☑ 不管做什麼事情，如果能以平常心待之，必能將事情做好。我們很多時候就是太浮躁，無法靜下心來，也就難以達到平常心的境界。

誤交損友

一隻小螃蟹在河岸挖了個洞。一天，一條河鰻游進洞來，笑嘻嘻地對牠說：「蟹兄弟，你的房子好寬，好漂亮啊！我想和你交個朋友，搬來一起住。你看，我身上有厚厚一層黏液，可以吸引不少小蟲子給我倆吃，就當付給你的房租了，怎麼樣？」

螃蟹一聽很高興，就痛快地答應下來。兩人便住在一起，一同分享河鰻吸引來的小蟲，日子過得也算很愉快。

隨著日子的推移，小螃蟹越長越大，終於肥壯得脫殼了，這時的牠成了一個渾身軟乎乎的小東西。

鰻魚等待的時刻終於來到了，牠一改往日的笑臉，凶狠地對螃蟹說：「小螃蟹，你平時跟著我一起分吃了我多少東西，這筆帳今天要算了，連本帶利該怎麼還？就乖乖地讓我吃掉你吧！」

螃蟹聽了大驚，卻又虛弱的無法動彈，只能哭喪著臉懇求說：「鰻大哥，能不能再給我三天，三天後再吃我。」

鰻魚大笑著說：「別拿我當小孩子了，再過三天你的殼又硬了，我還能吃得動嗎？」

說完，就大口大口將螃蟹吃掉了。

誤交損友

☑

「天下沒有免費的午餐」，早晚有一天，貪佔的小便宜是會連本帶利一起還給人家的。「與其臨淵羨魚，不如退而結網」。

子產治國

《春秋左傳》上記載魯襄公三十年，鄭國大夫罕虎把政權交與子產。

子產堅辭不受，說：「鄭國土地狹小，又夾在大國之間。受大國逼迫；此外，主公強悍，處事專橫，凡此種種，都是不好辦的。」

罕虎卻說：「由我罕虎來率領王公貴族們聽從你的號令，誰還敢違反你的命令。不要怕領土小，小國若能把大國應付得當，仍是有所發展的。」

子產施政的第一年，眾人都誹謗他，齊聲唱道：「子產拿走我們的衣冠儲藏起來；子產占領我們的田地，把我們的田地重新劃分、安排。哪一位要去殺子產，我一定幫助他！」

直等到三年之後，子產的領導使眾人改了口。人們又唱：「我們有子弟，子產教他們孝悌；我們有田地，子產使它們豐收，假如子產離去，誰有能力繼承他呢？」

☑

固守一份愛人之心，全心全意為自己的子民謀福。以自己的行動去反擊誹謗，感化他人，這正是一個有德的人所應該做的。

如果我們全力以赴地把自己的事情做好，那麼偏見與非議也自然就消除了。

降低的龍門

鯉魚們都想跳過龍門。因為，只要跳過龍門，他們就會從普普通通的魚變成超凡脫俗的龍了。可是，龍門太高，牠們一個個累得精疲力竭，碰得鼻青臉腫，只有極少數能夠跳過去。

剩下的鯉魚們一起向龍王請求：「尊敬的陛下，請您把龍門降低一點吧！如果連一條鯉魚都跳不過去，這龍門不等於虛設嗎？」

龍王不答應，鯉魚們就跪在了龍王面前不起來。

他們跪了九九八十一天，龍王終於被感動了，答應了他們的要求。

鯉魚們一個個輕鬆地跳過了龍門，興高采烈地變成了龍。

不久，成了龍的鯉魚們發現，大家都成了龍，跟大家都不是龍的時候好像並沒有兩樣。於是，他們又一起去找龍王，說出自己心中的疑惑。

龍王笑道：「真正的龍門是不能降低的，你們要想找到真正的感覺，還是去跳那座沒有降低高度的龍門吧！」

降低的龍門

☑ 嘗試、嘗試、再嘗試，就等於成功。在失敗中不去記取經驗教訓，而去尋找一些偏門捷徑是弱者的行為，總有一天，尋找捷徑的人自己都會因為自己的放低要求而埋怨自己。

再試一次

日本理研光學公司董事長市清村是位舉世聞名的企業家，年輕時曾是一名保險外務員。

有一次，市清村勸說一位小學校長投人壽保險，跑了十趟依然毫無收穫。他疲憊不堪地對妻子說：「我實在不願意再做下去了。我馬不停蹄地奔跑了三個月卻是一無所獲。」

妻子愛憐地看著他：「你為什麼不再試一次呢？或許這一次就能成功呢？」

妻子的話深深地觸動了他。第二天他抱著「再試一次」的決心，又來到了小學校長的家。這次，沒等市清村開口，小學校長竟十分痛快地答應下來。

這次成功之後，他的信心更加足了。三個月後，他就成了九州地區最優秀的保險外務員。

每次談及自己的成功經驗，市清村總是意味深長地說：「我永遠也忘不了妻子的那句話——你為什麼不再試一次呢？」

☑ 耐心和恆心總會得到報酬的，再試一次需要的只是勇氣和忍耐。

距離之美

他是一個開大貨車的司機。每次他在公路上駕車行駛時，都感到百般寂寞。幸好每次走到這個地方時，都能看到一個小女孩兒拿著小手帕，坐在院子內遠遠地向他招手。就在這一瞬間，他感到心情好多了。小女孩兒那麼崇拜他，他有時也會笑著伸出手去和她招手。

有一天，他終於有機會在這附近停一下，於是他買了一個小玩具來到這個在公路旁的小院外。這時，那個小女孩跟媽媽正好走出來，他將那個小玩具遞給她，誰知那個小女孩兒竟睜大了眼驚恐地看著他。

小女孩的母親一把將女兒攬在懷裡，唯恐他是擄人勒贖的歹徒，還惡狠狠地瞪了他幾眼，他呆呆地站在那裡，竟不知所措。

☑

生活就是這樣，很多時候應該遠遠看著的東西，你就不要走近；走近了便破壞了那份美好的感覺，走近了便使事物發生了變化。什麼都要掌握一個適當的角度與距離。

敦厚待人

據說有一次孔子退朝回來，馬廄燒了，孔子第一句話就問：「傷到人了嗎？」而不是問傷了馬沒有。

孔子能夠重人過於馬，可見其仁心之誠。孔子的話雖出於心之本然，但也無形中贏取了人們的愛戴和他人的敬重。說得現實些，這種關懷是有助於個人聲望的提升的。

假使孔子疾言厲色地喝問管馬者如何如何地不是，那麼管馬者一定深為自己的過錯而難過，甚至以孔子為復仇、憎恨的對象。因此，厚植威望的方法不在於處罰，而在於體諒。

還有，孔子有極謙虛的好學精神，他曾說過：假以數年，五十以學，大概可以無大過矣。言下之意是說自己雖五十知天命，仍是不免有小錯的。

如果，我們也都能兢兢於「如履薄冰」的態度，對自己嚴格要求，久而久之，你會發覺自己能在將犯錯時「懸崖勒馬」而少犯錯，相對地就多了一分成功的機會。

敦厚待人

☑ 對於別人的過錯，我們經常念念不忘，對於自己的毛病，又常常諱莫如深。這樣怎麼能贏得他人由衷的尊敬。

只有嚴於律己，寬以待人，才會不斷地讓你自己成為別人的知心朋友。

勇於創新

塔茲做郵購唱片生意一做就是十年，可是儘管他很努力，仍舊兩手空空。

他心想：「總跟在別人後面跑，也不是辦法！為什麼不另起爐灶，走一條自己的路呢？」於是他下定決心向其他同行不曾或不願意涉足的領域進軍。

藝術博物館裡保留許多歐洲中古世紀管風琴音樂作品，其中很大一部分與宗教藝術有關，卻很少有人問津。塔茲嘗試著製作了這一類作品，投入市場後，備受顧客青睞，他因此大受鼓舞。於是，塔茲就地取材，把開發「稀有曲目」作為自己的經營方向。

在經營過程中，塔茲本著不搞噱頭，曲目和錄音都以追求品質為首要任務的方針展開生意，結果不但擴大了業務，還挖掘了許多「冷門樂曲」，挽救了不少面臨失傳的「音樂宗教資產」。

☑ 只會依賴他人、模仿他人的人，永遠也不會有獨立的自我。只有那些相信自己、勇敢而富有創造力的人和那些具有冒險精神的人，才能成就屬於自己的偉大事業。

明天的希望

有一位醫生，素以醫術高明著稱。在他事業達於巔峰時，他發現自己得了淋巴癌。根據自己豐富的臨床經驗，他知道自己的生命大約剩半年到一年的時間。經過一番深刻冷靜的思索後，他決定接受這個殘酷的事實。但是，他要在有生之年，在有限的時間裡，好好地、認真地、快樂地體驗生命。

放下以往的許多壓力，以一種全新的眼光，去看這個世界，用愛心去關懷周圍的每一個人、每一件事。

在這之後，他變得謙和、寬容、懂得珍惜，對一花一草，都懷著一份溫柔；對朋友、家人，甚至對陌生人，都笑臉相對；早上外出活動，他親切和別人招呼問好；在醫院看病，他比以前更親切，更關心病人。

半年過去了，一年過去了，如今，他已經平安地度過六個年頭。

有人問他是什麼神奇的動力支撐他，這位醫生堅定地說：「是希望！我每天都有個希望。希望看到一片新葉冒出嫩芽，希望我的病人今天好一點，希望早晨運動時見到那些朋友……就是這些希望，促使我每天都覺得自己很重要，必須打起精神來過每一天。」

明天的希望

☑ 不論希望大小，只要值得我們去期待、去完成、去實現都是美好的，而當我們在過程之中，必然會體會到其中的快樂，生命便也因此而豐盈。

若能每天給自己一個小小希望，生活定會充滿無限活力。

以德服人

日本德川幕府的第三代將軍德川家光執政的時候，有一位重臣名叫土井利勝，在為德川收攬人心方面，盡了不少心力。

因為德川自己不抽菸，所以城內禁止抽菸。但禁菸命令一直沒法子得到徹底執行，總有一些士兵偷著抽。

某天夜裡，有幾個人在小酒館抽菸時被土井利勝發現。這些人臉色發青，連菸都來不及丟掉，呆呆地站在那兒不知所措。

土井利勝命他們把所有窗子關起來，說：「麻煩你們誰借我根菸抽抽？」

大家弄不清他的意思，每人都不敢動。土井利勝要求了三次，才有人緩緩取出菸草和菸斗來給他。

土井利勝津津有味地抽了三、四口後說：「沒想到菸味這麼棒，難怪你們無法戒掉。」說完就要走出去。

一隻腳剛剛邁出門檻，他又轉回頭來說：「今晚的事，我不會告訴主人，但今後不要再這樣了，主人是非常討厭別人抽菸的。」

從此，禁菸令終於見效了，沒有人再背著德川抽菸。

以德服人

☑ 如何達成自己的目的，每個人會有每個人的方法，最好的方法是採取誠懇的說服、真誠的勸導，這可以使人們從根本上斷絕錯誤。因為他們已經接受了一種心的交流。

多一些寬容

因為房子重新粉刷，我便打算到附近一家很清靜的小旅館避居幾日。我只簡單帶著一些衣物，以及藥品以備不時之需。

第一天午夜左右，我忽然聽到浴室中傳來一種奇怪的聲音。過了一會兒，我便看到一隻不知從哪竄出來的小老鼠。牠跳上化妝台，嗅嗅上面的瓶瓶罐罐。後來，又跑到浴室，不知忙些什麼，整夜就在哪裡竄來竄去。

第二天早晨，我對打掃房間的女侍說：「我房間裡有老鼠，膽子很大，吵了我一夜。」

女侍說：「這旅館裡沒有老鼠。這是頭等旅館，而且所有的房間都剛剛油漆過。」

我下樓時對大廳服務員說：「你們的女侍倒真會狡辯。我告訴她說，昨天晚上有隻老鼠吵了我一夜，她說那是我的幻覺。」

服務員說：「她說得對，這裡一向沒有老鼠！」

我的話一定被他們傳開了。所有服務員和門口看門的在我走過時都用怪異的眼光看我，他們一定懷疑我有嗑藥，在絕對不會有老鼠的旅館裡看見了老鼠！我想，他們一定在我背後把我講的很難聽。

多一些寬容

第二天晚上，那隻小老鼠又出現了，照舊跳來跳去，大肆活動一番。我決定採取行動。

第三天早晨，我到雜貨店裡買了一個補鼠器和一小包鹹肉，我把這兩件東西包好，偷偷帶進旅館，不讓值班的員工看見。

翌日我起床時，看到老鼠活蹦亂跳的在籠子裡。我不打算對任何人說什麼。只預備將這個補鼠器提到樓下，放在櫃台上，證明我不是無中生有地瞎說。

但就在我準備走出房間時，忽然想到：我這樣做，豈不是太無聊，而且很令人討厭？

我只是要證明這些人對我的誤解是錯誤的！我只是要證明，這個旅館真的有老鼠，我不是胡言亂語，也不是嗑藥嗑的神智不清。

但，我這樣做，不是自貶身價，徒讓自己成為一個不惜以任何手段證明自己是對的人。最後，我證明的不是自己是對的，而只是顯現自己是一個器量狹窄、迂腐無聊的人。

我輕輕走回房間，把老鼠放走，讓牠從窗外的陽台跑到外面去。

半小時後，我下樓退掉房間，離開旅館。臨走時，我把空的補鼠籠遞給服務人員。在大廳中的所有人，都莫名的看著我，我則不顧旁人的眼光推門而去。

多一些寬容

☑ 對於自己明顯的勝利，我們不必再對失敗者予以羞辱和懲罰，為什麼我們不能多一些寬容。給他們一個留有尊嚴的結局，你會在贏得尊敬的同時，也贏得感激。

批評與忠告

有一位業務員，在他最初接觸這項工作的時候，訂單很少，因此他總是擔心會失業。

但他確信產品和價格都沒問題，那麼問題一定是出在自己身上。

每次他推銷失敗，他都會想有什麼地方做得不對，是不是表達時不夠具有說服力？還是熱忱不足？有時他會折回去，問那位顧客：「我不是回來賣給你商品的，我只希望能得到你的意見與指正。請告訴我，我剛才什麼地方做錯了？你的經驗比我豐富，事業又成功，你一定可以給我一些指正。」

他的這種態度，為他贏得了許多友誼和寶貴的忠告。

而後來，他也因這些批評與忠告，逐漸發展一片屬於自己的事業王國。

☑

當你因別人的批評而失去自信時，先別沮喪，先想想自己是不是真的這麼完美？我們又何必要為了別人的批評，而打消再次擁有自信的力量，在某種意義上說，我們應收集評批、感謝批評，因為這些批評可以讓自己成長。

慷慨與感恩

古羅馬眾神決定舉行一次盛大的宴會，所有大大小小的神仙都歡天喜地的參加這場宴會。

代表著真、善、美、誠以及其他眾神都參加。他們和睦相處，友好地談論著，玩得很痛快。但是眾神之王——宙斯注意到：有兩位客人互相迴避，不肯接近。

宙斯便差奴僕請這兩位神仙過來，他想瞭解一下情況。

奴僕便去請兩位神仙來見宙斯。

這兩位客人來到宙斯跟前，還是不打招呼。

「你們兩位以前見過面嗎？」宙斯問。

「沒有，從來沒有。」其中一位說：「我叫慷慨。」

「久仰，久仰！」另一位客人說：「我叫感恩。」

☑

慷慨與感恩無疑都是值得尊敬的美德，當你發自內心地向別人提供幫助的時候，你是否在心裡有一種想要被人稱讚、被人感謝的慾望？如果是的話，你就還算不上是一個真正慷慨的人。

沒有過不了的難關

楊佳以優異的成績被哈佛大學錄取，成為該校有史以來唯一的來自國外的盲人學生。而之後哈佛校長，有機會知道這名盲人學生是從自己學校畢業的，也讚譽她是哈佛的驕傲。

楊佳很年輕的時候就被醫生宣判得了「黃斑部病變」，而短短幾年之內，她的人生墜入了黑暗，那一年他還不到三十歲。

雖然眼疾奪取了楊佳的光明。面對眼前的黑暗世界，她依然堅強地說：「我離不開講台，我要當老師。」

於是，她依然寫漂亮的板書，卻無人知道她貼在黑板上的左手是在丈量尺寸；她在上第一節課時總要一一點名每位同學，下一次就可以親切地叫出學生的名字，她是透過聲音記住人和判斷位置的。

楊佳是這麼看待「成功」的：成功不是絕對的。在我看來，一個人能夠對自己感興趣的事情不放棄，並且在追求的過程克服每一個困難，這就是成功。

沒有過不了的難關

☑ 月有陰晴圓缺，人有旦夕禍福，人生道路上的曲曲折折，都是鍛鍊自己的試金石。陷入困境挫折之中時，就要勇敢面對挑戰。上帝不會因你祈禱，因而對你百依百順。

如果有上帝的話，這個上帝應該是你自己。如此，人生就沒有什麼過不去的關卡。

危機的爆發力

假日的時候，小潔特地來看小敏，許久未見，兩人高興地一直聊天。

吃飯的時候，小敏不斷向小潔吐苦水：薪資待遇太低，工作太沉悶，生活太無聊，每天彷彿沒什麼目標。

小潔放下飯碗抬起頭笑笑說：「我每天工作十幾個小時，有時間還要到圖書館去充電。既然妳做得不痛快，可以多累積些經驗，再找機會跳槽啊！」

小敏沉默了一會兒，又開始向她抱怨說，自己的命運不好，做什麼都不如意。

小潔歎了一口氣說：「我吃飯只用了二十分鐘，妳呀，都快二個小時了，還沒有吃完！」

這一次，小敏沉默了半天，她忽然領悟到，問題到底出在哪裡。

其實，只要每天留意這些零碎的時間，多做一些充實自己的事，只要努力，她的發展一定會很不錯。可是問題在於，她從沒想到要給自己製造危機感。

☑

人的困境常常是自己「製造」出來的。人也不一定非要環境施壓，我們才考慮去改變點什麼。如果我們能高瞻遠矚一點，自己給自己製造一點危機感，我們就能改變自己的命運，使我們生活得更好。

為別人點亮一盞燈

一個商人在一團漆黑的路上，小心翼翼地走著，心裡懊悔自己出門時為什麼忘記帶照明的工具。就在他怨嘆之時，忽然前面出現了一點燈光，並漸漸地靠近。燈光照亮了附近的路，商人走起路來也順暢了一些。等到他走近燈光時，才發現那個拿著手電筒走路的人竟然是一位雙目失明的人。

商人十分奇怪地問那位盲人說：「你本人雙目失明，燈光對你一點用處也沒有，你為什麼還要開手電筒呢？」

盲人聽了他的話後，慢條斯理回答道：「我開手電筒並不是為了自己。在黑暗中行走時，別人往往看不見我，我便很容易被人撞到。而我開著手電筒走路，燈光固然不能幫助到我，卻能讓別人看見我。這樣，我就不會被別人撞到了。」

☑

有時你會發現，有些人經常做一些對別人有益，卻似乎對自己沒什麼幫助的「傻事」。其實他們才是真正的聰明人。

幫助別人，你也會得到別人的回報，進而也就等於是幫助了自己。

給別人留條退路

一個商人向富翁借了一筆錢到北方去收購羊皮。不料在運回途中遭到了大風雪，收購的一萬多張羊皮全都遭風雪浸濕，根本賣不出去。

這個商人無路可走，只好將實情告訴富翁，請他再幫幫忙。

富翁考慮了一下，心想這時就算向對方逼債或打官司，對方也無錢可還，只會將對方逼得破產，以後就不可能得到這筆錢了。

於是富翁不但沒有向這個商人逼債，反而再次借錢給他，讓他繼續收購羊皮。這次收購的數量比上次多，順利地運到大城市後賣了個好價錢。最後商人不但將上次賠的錢賺了回來，還另外大賺了一番。

這個商人立刻把欠富翁的錢全部還給了他，並且一輩子都對他感激不盡。

☑

有些人在日常生活中，往往為了利益或面子，一旦得「理」，便不饒人。其實得理且饒人會給人們帶來更大的好處。

「得理不饒人」或許是你的權利，但你何妨做到「得理且饒人」呢？給對方留點面子和立足之地，就算他不會心存感激，來日圖報，也不太可能繼續和你作對。何況，「得理且饒人」也是一種快樂呀。

面對生活中的逆境

有兩個人拉了一車花盆，不經意間被摔破了兩盆。

一個人悲傷地說：「真倒楣，摔破了兩個花盆！」

另一個則欣慰地說：「真幸運，只摔破了兩個花盆！」

現實生活中，只見樹木不見森林，不看大局只為眼前的挫折所壓倒的人不少，而上面例子的後者，不計較失去的，而著眼於自己擁有的，這種人豁達且樂觀，在面對挫折時能看到光明，使自己充滿信心。

生活中我們有太多的煩惱：一日三餐的操勞、子女讀書就業的困惑、物價的波動、人際關係的糾葛等，每件都牽動著我們的心思，耗費著我們的精力。面對生活的挑戰，許多人說：「活著真累！」

隨著機械化、電子化程度日益提高，在我們日常工作中，真正需要拼體力的並不很多，感歎累，是因為心力和體力的雙倍付出。心理的疲憊加劇了身體的疲勞，當人們從心裡感到累時，身體才累。

面對生活中的逆境

☑ 面對人生，我們有失有得。仔細審視過去，仍然是得大於失，不必耿耿於失去的和得不到的。

若苦苦去追尋失去的，既不能失而復得卻又徒增煩惱和傷感。珍惜你已擁有的和將要擁有的，就能享受生活的饋贈，獲得心理上的寧靜，度過一個瀟灑的人生！

誠信至上

諸葛亮四出祁山時，所帶兵馬只有十多萬，而司馬懿卻有精兵三十餘萬，蜀、魏兩軍在祁山對峙，鼓角相聞，戰爭一觸即發。

正在這緊急時刻，蜀軍有一萬人因服役期滿，需退役回鄉，而離去一萬人，會大大影響蜀軍的戰鬥力。服役期滿的老兵也憂心忡忡，大戰在即，回鄉的願望一定要化為泡影；將士們共同向諸葛亮建議：延期服役一個月，待大戰結束後再讓老兵們還鄉。

諸葛亮斷然地說：治國治軍必須以信為本。

老兵們歸心似箭，家中父母妻兒望眼欲穿，我怎能因一時需要而失信於軍民呢？說完，下令各部，讓服役期滿的老兵速速返鄉。

諸葛亮的命令一下，老兵們幾乎不相信自己的耳朵，隨後一個個熱淚盈眶，激動不已，決定不走了。

「丞相待我們恩重如山，如今正是用人之際，我們要奮勇殺敵，報答丞相！」

老兵們的激情對在役的士兵卻是莫大的鼓勵。蜀軍上下，群情激憤，士氣高昂，在形勢不利的情況下擊敗了魏軍。

誠信至上

☑ 人無信不立！良好的信譽會給自己的行動，帶來意想不到的便利之處。因它而形成的強烈親和力使他人願意與你交往，在某種程度上會消除某些不利因素。

正確的道路

有一位大型郵輪的船長，他長年駕船在一條風景優美但灘險流急的大河上航行，二十年來從未出過一次事故。

有一次航程，當中有一位旅客首次乘坐郵輪，在途中便和船長聊起天來，他聽完船長講述的航行經歷，敬佩地說：「這條河水流這麼急，讓人心驚膽戰，你卻從未出過事故，你一定是對河中的每一處險灘，每一塊暗礁，都瞭如指掌了。」

但出乎他意料之外，船長微笑地說：「不，我對河中的險灘和暗礁並不十分清楚。」

旅客很驚訝地問：「你不清楚哪裡有險灘和暗礁，怎麼能開船呢？」

船長說：「我為什麼一定要知道險灘和暗礁在哪裡呢？我只要知道深水在哪裡，也就足夠了，因為在那裡根本不會碰上險灘和暗礁。」

☑

道路和方向正確與否是考察我們能走多遠的決定性因素。儘管伴隨著正確的是無數的錯誤，而我們也沒必要將所有的過錯一一走過之後才找到正確的路。

吃虧就是佔便宜

那家咖啡館座落在僻靜的巷弄裡，沒有太明顯的招牌，附近也沒有大型賣場或明顯地標，地理位置並不怎麼好。但這個咖啡廳的生意卻十分興隆，許多客人慕名而來，咖啡廳只有八十個座位，但每天的客人總數卻高達一千甚至一千二百人！

原來這家咖啡廳裡的咖啡不僅質量特別好，精選進口咖啡豆，所以氣味濃香誘人；而且價格也並沒有特別貴。此外，還研發許多週邊產品，精緻的蛋糕、美味的簡餐，在在誘惑著顧客的食慾。同時，還採用了一流的硬體設備，為顧客提供一流的服務，努力營造出一個舒適愉快的環境，使顧客流連忘返。

這家咖啡館的成本或許比別家高，似乎是吃虧了。但，卻因為其他的巧思、用心，讓許多顧客願意大老遠跑來此消費，不僅賺得了客戶的好口碑，也贏得了比其它同行更高的利潤。

☑ 吃虧是福，做任何事都斤斤計較而不懂得忍讓有時固然能給自己帶來利益。但是殊不知，遇事多忍讓，往往能得到比利益更高的良好聲譽，它是潛在的滾滾財源。

小細節大關鍵

有一個賣酒的人家，他家釀的酒芳香醇厚，十分誘人。賣酒時從不短斤少兩，對顧客十分親切，但他家的生意卻不是很好。

這人為了吸引顧客，又把酒舖整修一番，屋子收拾得窗明几淨，酒幌掛得很高，迎風招展，但顧客並未增加，釀好的美酒堆滿了屋子，還是賣不出去。

酒舖主人實在無法可想，便去請教村中的智者，看看能否有對策改變這種情況，否則的話只好關門了。智者聽完了他的敘述，想了想，問道：「你們家門口是不是養了隻猛犬。」

「是啊！但，這和酒賣不出去有什麼關係嗎？」酒舖主人不解地問。

智者回答道：「當然有關係。如果小孩子幫大人打酒，自然被狗嚇跑了。就是大人來打酒，見了隻兇猛的大狗，也多數不敢進門，你的生意自然好不起來。」

酒舖主人恍然大悟，回去將狗送走，生意果真好起來了。

☑

方法的正確與否，有時是決定成敗的關鍵，空有熱情卻不懂得如何利用現有的條件，是很難達到個人的目標，有時大方向正確而忽略了某個細小的環節，往往會給整個目標帶來災難性的打擊。

生活中的催化劑——微笑

法國巴黎的羅浮宮裡珍藏著一幅聞名世界的名畫：蒙娜麗莎的微笑。好幾個世紀以來，她那永恆的微笑不知道給多少人帶來了無盡的遐想。

沒有人知道她因何而微笑，其實這個原因已經並不重要，重要的是她微笑了。

既然我們每個人都有一張臉，那麼臉上的微笑在某種意義上能代表一個人。

因為微笑表示了禮貌、親切、友善、關懷，它不但能鼓舞自己，而且能激勵他人。一個發自內心的微笑，幾乎可以代表一個人所有的情感。

微笑有助於業務的推廣。某百貨公司在舉辦櫃檯小姐的「微笑服務」，競賽期間，該公司的業績比平時增加了兩倍。

某家百貨公司的主管說過一句發人深省的話：「我寧願雇用一位隨時面帶微笑，即使她是一位連高中都沒畢業的女孩，也絕不願意雇用一位撲克臉孔的博士。」

☑

微笑可以縮短人與人之間的距離，使人際關係融洽，事業更順利，生活更愉快。

但是，微笑無處可尋，它不可能用錢買到。

在施予他人之時，自己也就感受到了它的存在。

是誰錯了

庭華自認在公司表現良好，但他始終不懂，公司的升遷怎麼好像都輪不到他？

他總是小心翼翼的應付著顧客，不特別迎逢拍馬，下班時分總是推辭所有交際應酬，因為他要充實自己所學。

他不懂，在自己這麼努力之後，公司所有人都看不到？沒有人要理他，升遷更不會考慮他！這讓他很挫敗，甚至認為他人根本只知道作秀、應付上司，才得到升遷或加薪的機會；像自己這般老老實實向上爬的人只會被埋沒。

他氣的向一位退休老上司訴苦，忿忿不平的說著公司的種種不合理。

老上司說：「我能告訴你的就是，公司要的是用心服務顧客的人，與公司同事亦能相處愉快，互動良好的人。」

☑

當別人的期望與你的期望不同，或者你自己因某些事情不如願的時候，想想這些忠告：「所遭遇的可能是我的錯，需要調整的人恰恰是我自己。」這時你就不再為事情的不順心找藉口了。

面對別人的批評

很多年以前，卡耐基辦的成人教育班和示範教學會中，多了一位從紐約《太陽報》來的記者。他毫不留情地攻擊卡耐基和他的工作。卡耐基當時真是氣壞了，認為這是對他極大的侮辱。他馬上打電話給《太陽報》執行委員會的主席，要求特別刊登一篇文章，以說明真相。卡耐基當時下決心，要讓犯錯的人受到應有的處罰。

後來，卡耐基為自己當時的舉動感到慚愧，他現在才瞭解，買那份報紙的人大概只有一半的人會看到那篇文章，看到的人裡面又有一半會把它只當做一件微不足道的事情；而真正注意到這篇文章的人裡面，又有一半在幾個禮拜後把這件事忘得一乾二淨。

因此，卡耐基得出一條重要結論：盡可能做你應該做的事，然後把你的破傘收起來，免得任批評你的雨水順著脖子向後邊流下去。

☑ 雖然你不能阻止別人對你做的不公正的指責，但你可以做一件重要的事，那就是你可以決定，自己不受到那些不公正批評的干擾。

學習忍耐

有一次，麥克阿瑟將軍在杜魯門總統面前掏出菸斗，正準備抽菸。突然想到正對面的杜魯門總統，於是一邊拿著菸斗問著總統說：「總統先生，我可以吸菸嗎？」一邊準備給自己點上火。

杜魯門總統雖然心裡不悅，但仍忍著怒氣說：「吸吧！將軍！反正別人噴在我臉上的煙霧已經夠多了！」

☑

學會忍耐，表面上看彷彿是低姿態，但，實際上是蓄集更大的能量。

沒有忍耐力，就無法工作。也許你的主管性情粗暴，甚至有時不講道理；也許你的同事經常搶走你的機會，或者貪人之功……怎麼辦？抗爭是必要的，但更重要的是忍耐和做出成績。對於一個社會新鮮人來說，學會忍耐比學會抗爭應該更困難。

即使身居高位的人，有時也必須忍耐。任何工作均有順利或不順利之時，人在不順的低潮時，動輒會出現「這般工作，不做也罷」的情緒性字眼。但是，在此時能夠堅持到底，終會雨過天晴。做事有時要有耐心，別輕言放棄。

積極面對擺脫橫逆

一個人滿懷希望自立門戶經商，甚至拋棄喜愛的工作，到後來才知道原來不是那麼容易；一個年輕小子偷偷愛戀著一位女孩，自己的感覺很好，到頭來才知道純屬一廂情願；考核績效時本來認為要好的主管不會「虧待」自己，結果主管卻「背叛」了自己，這樣的例子可能就發生在我們身邊。

對待失望應該怎麼辦？「一朝被蛇咬，十年怕草繩」，當然是消極的。我們接受了生存，就無法迴避死亡，為了生活，為了更充滿希望地生活，我們只有心平氣和地容納失望。拂去失望的灰塵，重新再來。

☑ 人們常說希望與挑戰共存，挑戰失利了就是失望。我們既然心存希望，便無法迴避和拒絕失望。如果充滿對光明的渴望，即使是處在逆境當中也會升起一輪明亮的太陽。如果讓失望成為你的主宰，希望就不會再光顧你的門檻。

責任心

工作是什麼？問題很簡單，答案可不一樣。

有一種人會回答：「工作是上班領薪水。」

這樣的人，把工作與負擔、報酬、謀生聯繫在一起，工作中缺乏主動性，「老板」叫做什麼就做什麼，做當然比不做更好，如果清閒，最好不過。

另一種回答是：「工作就是做事，把事情做好。」

這樣的人，把工作與責任相連。工作中富有責任心，充滿熱情。除了做好本職工作外，還會為單位或公司利益著想。

比如，推銷產品會把客戶的意見及其同行產品、市場消息反應給公司，檢查產品規格時發現問題，會積極幫助查找原因，節約成本等等。

兩種不同的工作態度，會產生不同的工作效果。

責任感是走向社會最關鍵的一環。一個單位總是希望把每一份工作都交給那些負責任的人。

在重視效率的社會裡，責任感是一個人在社會上立足的重要資本。因為，誰也不會把重要職位交給一位責任心不強的人。

責任心

☑ 如將工作視為是義務，人生就成了地獄，如將工作視為是樂趣，人生就成了樂園。從某個角度來說，責任感可能比負責任的能力更加重要。

遠見

日本尼西奇公司是日本著名的生產塑料製品的企業，長期以來，大量生產雨衣、旅遊帽、衛生用品等產品。但由於接獲的訂貨不多，產品銷售又停滯不前，導致公司的經營面臨重大危機。

董事長千方百計地尋找挽救企業的方法。一個偶然的機會，他看到了一份全國人口的普查報告，報告中說日本每年出生二百五十萬名嬰兒。於是他想：如果每個嬰兒用兩塊尿布，一年就需要五百萬條，這是一個非常好的市場，前景非常看好。如果再推展到國際市場，效益就更加豐富。經過權衡利弊，董事長決定專門生產尿布。

剛開始，他的這一舉措引起了不少人的非議。但他始終堅持自己的決定，這樣生產尿布的工程開始全面展開。

尼西奇公司於是大力發展尿布和紙尿布新產品，在全國建立了很多營業據點，並與數以千計的批發零售商建立了供銷關係，很快便壟斷了日本的尿布市場。

接著，他又把目光投向國際市場，尿布產品遠銷西歐、美洲、大洋洲及東歐一些國家，年銷售額高達七十億日元。

☑

很多事都從小地方發展出來的！一些微不足道的事，或許蘊含大商機。

專注於你決定去做的那個重要的點，他將為你帶來不一樣的契機。

創造參與感

安國是一家小型工廠的經理，今天是他非常傷腦筋的一天。

安國今天接了一張訂單。那應該很開心吧？怎麼會煩惱呢？因為他知道，工廠恐怕沒有辦法趕上出貨日期。工作雖已在工廠排定，而這張訂單所要求的完成時間，短得使他認為不太可能如期去完成這張訂單。

他並沒有催促工人加速工作來趕這張訂單，他只召集了大家，對他們解釋這個情形，並對他們說：「我們有什麼辦法來完成這張訂單？有沒有人有別的辦法來處理它，使我們能接這張訂單？有沒有別的辦法來調整我們的工作時間和工作的分配，來幫助這整個情況？」

一連串的三個問句，啟動員工們的思維，他們提供了許多建議，並支持他接下這張訂單。經理最終採納了員工們的意見。經過全廠上下的共同努力，他們終於如期出貨。

☑

用「建議」，而不下「命令」，不但能維護對方的自尊，而且能使他樂於改正錯誤，並與你合作。這是一個說話的口氣問題，誰也不願意聽一些「應該這樣做」之類的話語。適當地「溫柔」一些往往會更好。

換一個角度思考

歌德經常到離家不遠的公園中散步、騎馬，作為消遣。公園中有一些橡樹，常常被一些粗心的吸菸者引起的火燒掉，這讓歌德很痛心。公園裡雖然有一塊佈告牌上面寫道：「凡引起火災者罰款」。但是很少有人注意。

有一次，歌德跑到一個正在附近站崗的警察那邊，告訴他公園旁邊有火在蔓延著，但警察並沒有理他。

這時，他想到應該去制止那些玩火的兒童。於是，他直接跑到那群孩子面前，嚴厲地命令他們將火撲滅，並聲稱，如果他們不照做，就將他們交給警察。

結果，那群兒童不情不願的滅了火。但，在他走以後，他們又繼續玩著放火的小遊戲。

事後，歌德漸漸體會到，他沒有站在孩子的心態來思考問題。如果當時能夠對孩子溫和一點，那麼結果就會不一樣，而那些橡樹也將會避免被火燒掉。

☑

當我們面對某一問題時，若僅從自己的角度去考慮，而不顧他人，往往會失之偏頗，甚至會傷害他人。凡事設身處地，換一角度來想一想，原本解決不了或疑惑不解的問題可能就變得容易多了。

拯救軍艦的士兵

事實上，我們絕大多數人都有可能比現實中的自己更偉大。

在二戰期間，一艘美國驅逐艦停泊在某國的港灣，那天晚上萬里無雲，明月高照。一名士兵按例巡視全艦時，突然嚇呆了。他看到一個烏黑的大東西在不遠處的水面上浮動著。他吃驚地發現那是一枚觸發式水雷，可能是從某處雷區脫離出來的，正隨著退去的潮水慢慢向著艦身漂來。

士兵抓起艦內通信電話機，通知了值日官，值日官馬上快步跑來，並很快通知了艦長，同時發出全艦戒備信號，軍艦上充滿了緊張的氣氛。

官兵們愕然地注視著那枚慢慢漂近的水雷，大家都清楚地知道，災難即將來臨。

軍官們立即提出各種辦法。立即起錨？不行，沒有足夠的時間。發動引擎使水雷漂離開？不行，因為螺旋槳轉動只會使水雷更快地漂向艦身。用槍炮引爆水雷？也不行，因為那枚水雷已經接近艦裡的彈藥庫了。

該怎麼辦？放下一支小艇，用一根長竿把水雷弄走？這也不行，因為那是一枚觸發式水雷，根本沒有時間去拆下水雷的雷管。悲劇似乎不可避免了。

突然，一名水兵想出了一個絕妙的主意。「把消防水管拿過來。」他大喊著。

拯救軍艦的士兵

大家立即明白了，這個辦法棒極了。他們向驅逐艦和水雷之間的海面噴水，製造出一條水帶，把水雷沖向遠方，然後用炮火引爆了水雷。

這位水兵只是個凡人，他仍具有在危機下冷靜而正確思考的能力。每個人的身體內部都有這種天賦與能力，也就是說，每一個人都有創造的潛能。

☑

不論什麼樣的困難或危機影響你，只要你認為你行，你就能夠找到解決之道。

對自身的能力抱著肯定的想法，就能發揮出積極心智的力量，產生有效的行動。

不要懷疑，勇敢地跨出第一步，相信自己。

發揮最大的本能

伯樂在集市上選了一匹青鬃馬。他說，只要經過訓練，這匹馬一定可以成為千里馬。可是，好幾個月過去了，無論伯樂採取什麼方法，青鬃馬的成績始終不理想。每日的奔跑距離，總是在九百里左右徘徊。

伯樂對青鬃馬說：「夥計，你用功啊！再這樣下去，你會被淘汰的！」

青鬃馬愁眉苦臉地說：「沒法子啊，我已經盡最大的努力了。」

伯樂問：「真的嗎？」

青鬃馬說：「真的，我把吃奶的勁兒都使出來了。」

又一天的訓練開始了。青鬃馬剛起跑，突然背後響起驚雷一般吼叫。牠扭頭一看，一頭雄獅旋風般地向牠撲來。青鬃馬大吃一驚，撒開蹄，沒命地狂奔起來。晚上，青鬃馬氣喘吁吁地回到伯樂身邊說：「好險！今天差點兒餵了獅子！」

伯樂笑道：「可是，你今天跑了一〇五〇里！」

「什麼？我今天跑了一〇五〇里？」青鬃馬望著伯樂，伯樂臉上掛著神祕的笑容。

青鬃馬心中豁然一亮。從此，牠一上訓練場，就設想有一頭獅子在後面趕自己，後來，牠果然成了一匹千里馬。

☑ 一個本領超群的人，只有在一群勁敵面前，方能顯示出他不凡的身手。現實生活中，你必須去尋找這樣的勁敵，讓自己的身手得以發揮，如果安於現狀，不嘗試著突破，那麼你就永遠也不會知道自己原來也有「這麼一招」！

用智慧擺脫險境

英國小說家狄更斯很喜歡釣魚。他總是把釣鉤甩進水中，然後就靜靜地坐在岸上，望著水中的魚鉤，以及那游來游去的魚兒，讓他覺得心情舒暢。釣魚對於他來說，是一種很好的休息。

有一次，狄更斯正聚精會神地看著水中，忽然，一位陌生人走到他身旁，問道：「先生，你在釣魚呀？」

狄更斯直起腰來，點了點頭，很乾脆地回答那人說：「是的！今天，釣了半天，沒釣到一條魚。可是昨天，也是在這個地方，卻釣到了十五條魚啊！」

「真的？」陌生人說，「那麼，你可知道我是誰嗎？我是這河流的生態管理員。這段流域嚴禁釣魚！」

說著，那陌生人從口袋裡掏出一個本子來，準備記下名字並且罰款。

看到這種情景，狄更斯連忙反問說：「那麼，你可知道我是誰嗎？」

那陌生人瞪大了眼睛瞧著狄更斯，狄更斯不客氣地說：「我是作家狄更斯。我說我釣了十五條魚，你不能罰我的款。因為，虛構故事是我的職業。」

用智慧擺脫險境

☑擁有智慧的人雖然不一定能夠獲得成功，但成功的人一定充滿智慧。

智慧是一種人生的境界，它是一種安然自處的平靜，是一種卓然不群的獨立。

有智慧的人在突發的事件面前，能夠迅速為自己找到擺脫險境的道路。

智慧與幽默

馬克・吐溫是享譽世界的著名作家，同時也是一位幽默大師。當時有一位年青人，怕動腦筋但又想一舉成名，苦於找不到一條捷徑。他想來想去，不知怎麼辦才好，於是，拿起筆來寫了一封信給譽滿全球的大文學家馬克・吐溫，想向他請教成功的祕訣。

年青人在信中寫道：「親愛的先生，聽說魚骨中含有大量的磷元素，而磷是可以補腦子的。您是一位聞名於世的大作家，我想，一定吃過很多的魚。請您告訴我，您吃的是哪種魚？吃了多少魚？我到底要再吃多少魚，才能像您一般成功、出色？」

馬克・吐溫看過這封信，臉上露出幽默的微笑，他隨即拿起筆來給這位年青人回信：「親愛的朋友，看來，你得吃一堆鯨魚才行！」

☑

知識結合人性和幽默，可以增添智慧。所謂智慧，就是找到一條離目標很近的路。但不要為了尋找這樣一條路而放棄自身的努力，這樣做非但不能直接走向成功，反而會使我們多走彎路。

幽默是一種智慧的力量，用幽默的態度和方法去處理事情，可以使人在輕鬆之中汲取智慧的營養。

嚴於律己寬以待人

一位巴黎的劇作家邀請小仲馬看他新戲的演出。

大幕拉開了，戲正在演出。小仲馬不斷回頭，嘴裡嘟噥著：「一個，兩個，三個！」

「您在幹什麼？」劇作者納悶地問。

「我在替您數打瞌睡的人數。」

過了些日子，小仲馬的劇本《茶花女》上演了。

上次請小仲馬看戲的那位劇作者和小仲馬又坐在一起欣賞演出。

演出開始之後，他也不斷回頭去找，找了半天，居然也找到一個打瞌睡的人。那位朋友欣喜若狂，連忙說：「親愛的，您的《茶花女》上演，也有人打瞌睡。」

小仲馬聽了毫不介意，幽默地說：「您不認識這個人嗎？他是上次看您的戲時睡著了，至今尚未醒來的人。」

嚴於律己寬以待人

☑ 我們經常說要嚴於律己，寬以待人。但事實上常常是嚴於律人，寬以待己。一旦發現別人的問題，就會馬上尖銳地指出來，而發現了自己的問題時卻又不願意接受。

要在很多事情上寬恕別人，但不要在任何事情上寬恕自己。智慧應該是在很多事情上包容別人，但不要在任何事情上寬恕自己。

成熟的反應機智

清代才子紀曉嵐是一個非常幽默、瀟灑的人。有一次去見乾隆皇帝，可是皇帝正好不在，紀曉嵐就和幾個宦官聊天問道：「老頭子到哪裡去了？」他說這句話的時候，乾隆皇帝剛好從帷帳裡走了出來，面帶慍色地問說：「你在說什麼？誰是老頭子？」

紀曉嵐身邊的宦官都嚇得面如土色，一句話也說不出來。只見紀曉嵐不疾不徐、面不改色地說：「老是年高德劭，頭是萬民之首，子是對美男子、大丈夫的尊稱，所以『老頭子』不過是臣講的一句實話。」乾隆雖然生氣，卻也無法發作，除了暗地佩服紀曉嵐的機智外，也無法定他的罪。

☑

有智慧的人生意味著：無論我們生活的環境多麼繁複，只要選擇了一條正確的道路，就不會再患得患失、心猿意馬。當我們不斷地靠近一個又一個生命的目標時，就會擁有一份灑脫的坦然和自由的心境。

人類最高的智慧，教導我們依隨周圍環境而調適心情，讓我們即使置身於最猛烈的風暴之中，依然能保持內在的平靜。

擁有人生的智慧可以使人處變不驚，也可以使人更透徹地領悟人生的真諦。

危機處理

阮籍是魏晉時期的著名詩人，當時司馬氏與曹氏正在進行爭權奪勢的鬥爭，當時的許多名士都被司馬氏殺害了。司馬氏的當權者對詩人阮籍很不放心。有人建議司馬昭派人到阮籍家求親，娶阮籍女兒做他的兒媳婦。如果阮籍答應了這門親事，就等於宣布他倒向了司馬氏。

阮籍當然不願意與司馬家族沆瀣一氣，可又無法抗拒司馬氏的勢力。於是他想出了一個明哲保身的辦法。他拼命喝酒，整天喝得酩酊大醉，一連數月，幾乎不省人事。

那奉命來提親的官員，見阮籍天天爛醉如泥，完全沒辦法向他提到親事，只好回稟司馬昭。司馬昭無可奈何，這件婚事也只好作罷。

☑

有兩種可以引導人的活動：一種是強迫他違逆自己的意志行事；另一種則是引導他的願望，以理性說服他。第一種是暴力的方式，無知的人使用，會帶來徹底的失望；另一種則是靠經驗來支持，而且一向能夠成功。

當一個人的力量不足以與暴力直接對抗的時候，退一步是為進一步積蓄力量，這便是大智若愚。

給別人台階下

春秋時期，胸懷大志的楚莊王在一次大宴功臣的時候，命他的愛妾給大家表演舞蹈。忽然用來照明的燈柱突然倒了，在黑暗中，一名武將趁亂吻了楚莊王鍾愛的愛妾。

那名愛妾也不干示弱，她順手拔下了那位武將帽子上的紅纓。當蠟燭重新點燃的時候，那位女子拿出手中的紅纓交給楚莊王，要他懲罰剛才在黑暗中對她無禮的將軍。

在古代，每一位大將的頭盔上都有一束紅纓，楚莊王只要找到帽子上沒有紅纓的人，就能知道剛才在黑暗中是誰對他的愛妾無禮。但是，如果真的查清楚是誰欺侮了大王的女人，楚莊王必然要殺一位對他有用的功臣。

於是，楚莊王命令在座的所有人全部摘下帽子上的紅纓，盡情痛飲，這樣一來，既保全了大王的面子，也保住了一位功臣的性命。

幾年後，一位將軍在楚國與晉國的交戰中浴血奮戰，救了楚莊王的性命，這位將軍，就是當年在宴會上，被楚莊王的愛姬拔掉了帽子上紅纓的人。

Make a
Decision

☑

我們固然難以達到佛家所說的「一切皆空」的境界，但是具有智慧的人在追求事業的過程中，知道什麼是大事應該抓住不放，什麼是小事應該忽略不計。而智慧之道，就在於明白何事可以略過不談。

有時候讓步是為了更快地前進，學會妥協也是生命智慧中的一種覺悟。

Nothing
is
impossible!

懂得自我反省

俗話說：「金無足赤，人無完人」，許多在歷史上赫赫有名的大人物，並不是一出生就有智慧，而是透過不斷改進自己，不斷修正自己行為中的缺點而漸漸獲得智慧的。

大家都知道「周處除三害」的故事。周處從小橫行霸道、為禍鄉里，他被人與山上的猛虎、水中的惡龍放在一起，並稱為「三害」。後來周處在別人的勸說下，改正了自己的壞脾氣，他殺死了山上的猛虎，除掉了水中的惡龍，為老百姓除了害，後來他成了一位戰功顯赫的將軍。

能夠改變自己壞脾氣的人不僅只有中國的古代人物，在美國也有一位這樣的大人物。

凡是讀過富蘭克林傳記的人都知道，富蘭克林年輕的時候並不是一個討人喜歡的人，他的性格乖戾、任性，無法與別人合作，做事經常碰壁。

於是，他開始自我反省，一項一項地檢討自己的行為。他還為自己列了一張表，上面寫有他發誓要培養的十三種美德，他每星期專心檢點其中一項，然後每天問自己是否做到了？如果沒有做到，就要反思其原因，從頭再來。

富蘭克林經過了這樣的鍛鍊之後，終於成為一位被人尊敬和愛戴的人。

Make a Decision

懂得自我反省

☑ 智慧的增進，可藉由壞脾氣的改善程度來加以估量。千萬不要認為自己總是對的，這是一種故步自封的心態，會把人引向愚鈍的泥潭。

Nothing is impossible!

真誠的對待別人

我們的社會生活中，每天都要認識新的面孔。無論是與同事交談也好，與客戶談判也好，與每一個陌生的人相識都是一種緣份，你對對方了解的越多，越能從中找到彼此的共同之處。

經營人際關係，最為重要的要素，就是誠摯的態度。把別人當作朋友，比把對方當成假想敵的做法高明得多。

一九五四年六月，英國首相邱吉爾在英美關係緊張的狀況下，毅然飛往美國，企圖打破對峙，促成合作。在機場，邱吉爾發表了演說。邱吉爾演講的第一句話就是：「我為從我的祖國，來到母親的國家，而感到由衷的高興。」話一出口，掌聲雷動，讓美國人感到很親切，為他的訪美提供了良好開端。

☑ 人的個性雖然千差萬別，但共通性卻只有一個——那就是渴望真摯、坦誠的人際關係。人際關係最重要的，就是要先了解彼此的優缺點，誠摯坦然的態度要比處處防範他人的態度有益得多。

真誠的關心

常聽到有人有這樣的感嘆：社會文明越發達，人與人之間的關係越冷漠。

某社區就曾發生過這樣的事：盜賊僱用搬家公司作案，並且屢屢得手。原因就是公寓鄰居人聲相聞，卻不相往來。

竊賊之所以敢在光天化日下作案，就是摸透了人們的這種心理。大家都以為是鄰居搬家，從來也沒有人過問。

如果想與他人建立起良好的人際關係，得到別人的關心，首先要真誠地關心別人，就像關心自己一樣。如果你不關心別人，別人為什麼要關心你呢？

羅斯福不當總統以後，有一次他來到白宮，當時的總統和夫人都不在家，羅斯福和所有的工作人員打招呼，包括洗碗女工。

當他看到廚師助手艾麗斯，問她還有沒有烤原來的玉米麵包，艾麗斯說：「有時會為職員們烤，但官員們都不吃這種麵包。」

羅斯福說：「他們挑食的行為不好，我見到總統時，一定告訴他。」

艾麗斯為羅斯福端來一塊玉米麵包，羅斯福來到辦公室，嘴裡一邊吃著麵包，一邊向園丁和工人們問好，羅斯福還是像以前那樣對待每一個人。

白宮的工人認為，他們永遠都不會忘記與羅斯福的這次會面，這是他們生命中

真誠的關心

最幸福的一天。

☑

如果你要別人喜歡你，或是改善你的人際關係，請記住這個原則：真誠地關心別人！要想獲得人們最真誠的關心，你應該遵循的一條準則，那就是對所有的人表示出真誠的態度。

誠實為上

現代社會是一個高速發展的社會，每個人都殫精竭慮地追逐著心中的理想，希望獲得豐厚的回報。

但是，為了滿足一己之利，而置別人的利益於不顧，作出損人利己的事情也時有發生。尤其現在詐騙事件頻傳，許多高知名度、高知識份子，也都名列受害者之列；甚而還有被自己信任的人欺騙者。雖然這種短期行為有可能在短時期內獲得一定的好處，但是西洋鏡總有被拆穿的時候，這種行為很快就會被人唾棄，無法建立起穩定的社會關係。

松下幸之助在松下公司創建之初，他到東京找一個批發商談判，批發商非常和藹地問：「我好像是第一次見到您，您是剛剛從事這項工作吧。」

松下幸之助非常誠實地說：「是的。」

他毫無戒心地向批發商交出了底牌，告訴人家，他是初出茅廬的新手，批發商看他沒有經驗，於是，趁機壓低價格，讓他在第一次的生意中無利可圖。但是，松下先生同時也在業內獲得了誠實的美譽，為他以後的事業發展打下了良好的基礎。

誠實為上

☑ 生活中物質固然很重要，但是為了和人們共同生活，能夠正確遵守彼此間正確的關係才是更重要的。

誠實的品質是建立人與人之間正常秩序的基石，只有人人都遵循生活中的遊戲規則，生活才會因此而美好。

寬容的心

古語說得好：「海納百川，有容乃大」，對於一個成功人士來說，他的人格魅力的產生，來自他的胸懷；一個人有什麼樣的胸懷就能成就什麼樣的事業。反之，苛刻的指責非但不能解決問題，反而會使人際關係緊張，在一個團體當中，把自己變成孤家寡人。香港首富李嘉誠與員工之間的關係相處得很好，據說，他從來沒有直接辭退過員工。

李嘉誠曾經自己講過這樣一件事：有一次，一位員工不小心把辦公室裡一匹非常珍貴的唐三彩馬打碎了，李先生只是平靜地提醒他，以後做事要小心。事後，李嘉誠說：「馬已經打碎了，他已經在自責了，為什麼還要再指責他呢？」

☑

責備使創傷無法癒合，寬恕才能療傷止痛。

一個錯誤的結果已經產生之後，嚴厲的責備無異於雪上加霜。而寬容的態度就像一種和煦的春風，使人感到溫暖的氣息。

禪師的仁愛與寬容

有一位道行很深的禪師，他帶了一些弟子在寺院裡修禪。有一天晚上，老禪師出來散步，發現院子的圍牆邊有一張凳子，他知道又有弟子偷偷越牆出去玩了。

他移開了凳子，自己蹲在那裡。

不久，果然有位小和尚翻牆進來了，恰好踩在老禪師的背上。

正當小和尚驚慌失措之際，老禪師卻和顏悅色地說：「夜深天涼，快去多穿一件衣裳啊！」後來，老禪師絕口不提此事。但從此以後，再也沒有小和尚越牆出去閒逛的事發生了。

這位禪師有如此寬闊之胸襟，不正是一顆仁愛之心使然？仁者的「批評」，通常還會產生神奇的感化力。顯然，這位禪師並不是放棄是非善惡的原則、一味地遷就錯誤，而是在寬容、體諒別人的過程中，引導做錯事的人自己意識到錯誤所在。

☑

每一個人都會憤怒，這很容易。但要做到以合適的方式和程度，在合適的時間，為適當的目的，向合適的人表達憤怒卻不是一件容易的事。

胸懷一顆仁愛之心，寬容體諒別人的錯誤，往往會使做錯事的人難以自容，因此走向覺悟。

為吻而奮鬥

有一位女教師。她長得很美，她的學生，特別是男生，都很希望得到她的喜愛和重視。

女教師十分喜愛班上的一個名叫羅斯的小男孩，因為他的學習成績突出，而且很守紀律，便安排他在畢業典禮上致辭，並親吻他，祝願他走上成功之路。可是，這一吻卻引起了另一個低年級的小男孩的嫉妒，他便對女老師說：「我也要得到妳的一個吻。」女老師很驚訝，問他為什麼。

小男孩說：「我覺得我並不比羅斯差。」

女教師聽了，微微地笑著，摸摸他的頭說：「可是，羅斯成績很好，而且很守紀律。」女教師接著說：「如果你能和羅斯一樣出色，我也會獎你一個吻。」

小男孩說：「那我們一言為定。」

小男孩為了得到教師的那個吻，發奮學習，他的成績提高很快，而且全面發展。

全校都知道這個小男孩很出色。他真的得到了那個美麗的女教師的一個吻。這個小男孩名叫亨利·杜魯門，他最高的職位是美國總統。

更富傳奇色彩的是，當年那個叫羅斯的小男孩長大後也進了白宮，成為杜魯門的助手，負責文字的出版工作。

為吻而奮鬥

☑ 你也曾因為有一個美麗而遠大的理想而奮鬥不息吧？如果你已經成功了，那麼請你再接再厲，如果你還沒有成功，那麼你是否應該有一個美麗的理想呢。要知道生命是個回力板，你付出什麼，便收回什麼；你付出多少，就收回多少。

忍耐的藝術

生活中每個人都會遇到一些令人生氣的事，這些事情雖不會置人於死地，但也足以讓人感到煩惱。

生活中的許多衝突是由於各自的觀點、看法不一致造成的，由於個人性格、辦事作風不同，所以產生了矛盾。這些矛盾都很容易引發正面衝突，但正面衝突又肯定解決不了問題，結果只會傷了和氣。而且在爭論中，很容易一激動而出言不遜，甚至大打出手把事情鬧大。再者人在衝動的時候，也很容易接受錯誤的訊息，甚至會結下仇恨的毒果。

在緊張的氣氛中，在一觸即發的時候，最好的辦法是先一言不發地走開。暫時的迴避，可以給對方一個思考、冷靜的機會，也可給自己考慮的時間。

如果沒有機會走開，那就在怒氣沖沖之時告誡自己：十秒鐘之後再開口。在盛怒之下，脫口而出的話肯定會讓自己也嚇一跳；而在考慮十秒鐘之後，怒氣可能就會消掉一半。並且在這十秒內，先把要說的話在心裡過濾一遍，把這十秒鐘當成一條緩衝的地帶；如果火氣更盛，就再多一些時間，直到自己的情緒，能順利平靜下來。

這當然只是暫時避免衝突，要解決衝突還得試著換角度思考，試著接受對方的合理之處。

☑ 不要只是把眼睛盯在別人的短處上，這樣做，只會火上澆油，使衝突的雙方勢同水火。

用愛包容一切

有一句英國諺語是這樣說的：「如果只想幸福一天，最好上理髮店；如果只想幸福一週，就去結婚；如果只想幸福一個月，可以去買一匹馬；如果只想幸福一年，那就蓋一棟新房；如果想獲得終生的幸福，就必須當一個充滿愛心的人。」

只有充滿愛心的人，才能以溫柔對待倔強，用寬容包容苛刻，用熱情融化冷酷。徜徉於愛的空間，人與人之間便沒有了仇恨、欺騙和謊言，這種人生的境界或許正是現代社會所缺乏的，同時也是人們所嚮往的。

☑

溫柔地去對待倔強的人，用寬容去包容苛刻的人，用熱情去融化冷酷的人。

冷酷和苛刻是長在心靈果園中的雜草，只有仁愛之心才是真正的除草劑。

跨越心中的那道牆

人生中常有許多似乎難以逾越的東西擋住了人們的視線，使我們目光短淺，心胸狹窄，見不到外面世界的空曠與博大，看不到出外的山，想像不到江河之外的海洋。

狹隘的心胸就像人生的高牆，使人看不到更遠的路，於是在閉塞的環境中，漸漸迷失了自我。有的人希望謀得官位而處處小心，成了仕途的奴隸；有的人為了生意，犧牲了一切樂趣，甚至寡廉鮮恥，成了金錢的奴隸；有的人成功之後卻被盛名所累，成了名譽的奴隸。

要跨越人生這堵「牆」，首先要戰勝心中的自己。其實，快樂是一支短笛，需要能夠感受快樂的心靈來吹響。

三國時代的周瑜，已經做了東吳的高層首腦，如果不是心胸狹隘、嫉賢妒能的話，也許能在都督的位置上一直做到長壽之年，怎麼會早早送了周郎的命？

☑ 心胸狹窄的人不會快樂。心胸狹窄的最簡單定義是太過分地專注於個人的利益，而容不下別人的利益。

把自己的利益看得高於一切，但卻容不下別人的利益，這種人就像可憐的蜘蛛，到頭來只是給自己織了一張自縛的網。

過於自信易致危險

月落烏啼霜滿天，江楓漁火對愁眠。
姑蘇城外寒山寺，夜半鐘聲到客船。

這是唐朝詩人張繼著名的《楓橋夜泊》，其中更以後兩句，最膾炙人口傳唱千古。宋代有人評論說：「這兩句詩確實寫得好，但也有毛病，半夜三更的，怎麼還會打鐘呢？」正所謂「暮鼓晨鐘」，敲鐘應該是清晨的事。

歐陽修亦於「六一詩話」中，表示贊同：「說得有理，夜半打鐘實在荒唐！」

後來，有人告訴他：在唐朝，不少寺裡都半夜打鐘；而寒山寺更以夜半鐘聲聞名千古，名刹聽鐘為寒山寺一大特色；到了宋朝，寒山寺還保有打半夜鐘的慣例。所以張繼詩裡寫的「夜半鐘聲」並沒有錯。

歐陽修知道後感覺非常慚愧，承認自己沒有親自到過姑蘇一帶，又不了解唐代寺廟風俗，只是憑主觀想像附和了錯誤意見，實在不應該。

☑

在日常生活裡，沒有自己主張、隨聲附和的事情時有發生。但是，很少有人對自己說過的話真正負責任。作為一個對別人、對自己高度負責的人來說，他們是不會迴避自己的錯誤的。

自尋苦惱

一天晚上，在漆黑偏僻的公路上，一個年輕人駕駛的汽車攤在路旁，因為年輕人的車輪爆胎了！

年輕人下來翻遍了工具箱，也沒有找到千斤頂。

他遠遠看見一座亮燈的房子，決定去那個人家借一個千斤頂。

在路上，年輕人不停地想：「要是沒有人來開門怎麼辦？」

「要是沒有千斤頂怎麼辦？」

「要是那個傢伙有千斤頂，卻不肯借給我，那又該怎麼辦？」

一路上胡思亂想，他越想就越生氣。當走到那間房子門前，他重重的敲了門，主人應聲走出來開門。

而他劈頭就是一句：「王八蛋，就算你有千斤頂有什麼稀罕的！」

主人丈二金剛摸不著頭腦，以為來了個神經病，「砰」的一聲就把門關上了。

☑

以己之心度他人之腹，往往是由於自己想像出來太多的難題，而最終不能辦成事情。以平常心來面對生活，就會多了一分如意與機會！

激發自己的潛能

約翰・費爾德看見自己的兒子馬歇爾在戴維斯的店裡招待顧客，就問戴維斯：「戴維斯，近來馬歇爾生意學得怎樣？」

戴維斯一邊從桶裡挑出一顆蘋果遞給約翰・費爾德，一邊答道：「約翰，我們是多年的老朋友，不想讓你日後懊悔，而我又是一個直爽的人，喜歡講老實話。馬歇爾肯定是個穩健的好孩子，這不用說，一看就知道。但是，即便在我的店裡學上一千年，也不會成為一個出色的商人。他生來就不是個做商人的料，約翰，還是把他帶回鄉下去，教他學養牛吧！」

如果馬歇爾依舊留在這個地方，在戴維斯的店裡做個夥計，那麼他日後決不會成為舉世聞名的商人。可是他隨後到了芝加哥，親眼看見在他周圍許多原來很貧窮的孩子做出了驚人的事業，他的志氣突然被喚起，他的心中也燃燒起一個要做大商人的決心。

他問自己：「如果別人能做出驚天動地的事業來，為什麼我不能呢？」

其實，他具有大商人的天賦，但戴維斯店鋪裡的環境不足以激發他潛伏著的才能，無法發揮他貯藏著的能量。

Make a Decision

激發自己的潛能

☑ 一般來說，一個人的才能來源於他的天賦，而天賦又不大容易改變。但實際上，大多數人的志氣和才能都深藏潛伏著，必須要外界的東西予以激發，志氣一旦被激發，如果又能加以繼續的關注和教育，就能發揚光大，否則終將萎縮而消失。因此，如果人們的天賦與才能不被激發、不能保持、不能得以發揚光大，那麼，其固有的才能就要變得遲鈍並失去它的力量。

Nothing
is
impossible!

你盡最大努力了嗎

一九〇六年，年輕的吉米・卡特從海軍學院畢業後，遇到了當時的海軍上將里・科費將軍。將軍讓他隨便說幾件自認為比較得意的事情。

於是躊躇滿志的吉米・卡特得意洋洋地談起了自己在海軍學院畢業時的成績：「在全校八百二十名畢業生中，我名列第五十八名。」

他原以為將軍聽了會誇獎他，誰料，科費將軍不但沒有誇他，反而問道：「你為什麼不是第一名？你盡自己最大努力了嗎？」

這句話使吉米・卡特驚愕不已，很長時間答不上話來。

他牢牢地記住了將軍這句話，並將它作為座右銘，時時激勵和告誡自己，要不斷進取，永不自滿和鬆懈，盡最大的努力做好每一件事。最後，他以堅忍不拔的毅力和永遠進取的精神登上了權力頂峰，他成了美國第三十九任總統。

卸任後，吉米・卡特在撰寫自己的回憶錄時，將這句話作為標題：《你盡最大努力了嗎》。

Make a
Decision

你盡最大努力了嗎

☑ 成功者的故事告訴我們：任何時候都不要滿足於一般的成績，要勇於挑戰自我，向著更高層次去奮鬥。即使自己定下的目標最初看來是多麼的遙不可及，但是只要你心中有這個引航標，那麼終有一天，你會順利地駛進理想的港灣。

Nothing
is
impossible!

把嘲笑做為成功的動力

伊安在二十七歲那年，終於登上公司業務排行榜，這是他努力好久的成果。他知道他可以去找老闆談談他加薪、配車的事情了。

他坐在老闆偌大的辦公室，緊張的對老闆說：「我現在已經是公司的銷售主力，公司的業務我幫忙不少，我想您應該給我加薪，並且配一部車給我。」

老闆看著這個年輕人只淡淡的說：「配車？腳踏車嗎？等你業務量穩定一點再跟我談吧！」

聽了老闆的話，伊安氣壞了，但他沒有因老闆的輕視而萌生去意，更沒有因此消極、自暴自棄，而是忍著一口氣，把心力全用在衝刺業績上；他要用自己的實力證明，他的價值絕不僅只如此，他發誓一定要讓老闆對他刮目相看。

三年，伊安僅僅用了三年的時間，就達到他的目的。

當年那個因為老闆忽視而耿耿於懷的年輕人已經擁有了二台名車，而他的年薪除了超過百萬外，他的老闆更不得不重視他；因為他帶領的團隊，所創造的業績量，佔公司總業績量的一半以上。

☑ 不要為別人的輕視和嘲笑而沮喪，只要你證明自己是一塊金子，自然能將他們的眼睛照亮。你透過自己的努力獲得成功，證明自己的能力，便是對別人的輕視最好的答覆。

戰勝心境的魔力

一個精神病學博士曾經在納粹集中營裡被關了很久，飽受凌辱。他曾經絕望過；這裡只有屠殺和血腥，沒有人性、沒有尊嚴；那些持槍的人，都是野獸，他們可以不眨眼地屠殺一位母親、兒童或者老人。

他時刻生活在恐懼中，這種對死亡的無形恐懼，讓他前所未有的感到一種莫明的精神壓力。集中營裡，每天都有人因此而發瘋。他知道，如果自己不控制好自己的精神狀態，他也難以逃脫精神失常的厄運。

有一次，他又要到集中營的工地上去勞動。一路上，他突然產生一種感應……今天晚上能不能活著回來？是否能吃到晚餐？這些想法讓他感到厭倦和不安。

於是，他強迫自己不去想那些事，而是刻意幻想自己是在去演講的路上……他開始幻想自己來到了一間寬敞明亮的教室中，台下每一雙期盼的眼神，都在引頸期盼他精彩的演說，而他正精神飽滿地在台上侃侃而談著！

他的臉上慢慢浮現出了笑容。他知道他有了寄託，而這久違的笑容，將會讓他活著走出去。

這就是心境的魔力。有時候，一個人的意志力可以擊敗許多厄運。

戰勝心境的魔力

☑ 生命就像是一種回聲，你送出去什麼它就送回什麼，你播種什麼就收穫什麼，你給予什麼就得到什麼。

就某種意義上說，人不是活在物質裡，而是活在自己的精神裡，如果精神垮了，沒有人救得了你，包括上帝。

找到自己的一片天空

有一位青年，他小的時候在郊外玩，不慎觸到高壓電網，失去了雙臂。這個沒有了雙手的少年，沒有人知道他將來該怎樣活下去，他的生活陷入了極端的困境。可是他的父親並沒有絕望，他鼓勵孩子並積極為他建立生活的勇氣，學會了生活自理的本領。然後他又帶領孩子遍訪名師，教兒子用嘴叼著毛筆練習書法。

水滴石穿，功在不捨。這個沒有手的青年經過了十幾年的努力，終於練就了不凡的書法功力。

而大家所熟悉的口足畫家——楊恩典，她也是憑藉著自己堅強的毅力，讓天生沒有雙手的自己，利用腳來學習許多事物，包括寫字、畫圖。

☑

茫茫塵世，芸芸眾生，每一個人必然都會有一份適合他的工作。只要有堅定的信念，每個人都能走出困境，找到適合自己發展的天空。

在這個繽紛多彩的世界裡，有很多種生存的方式。所有的人都站在藍天下，每個人都有屬於自己的那片天空。

不同的角度

中國著名的國畫家俞仲林擅長畫牡丹，他畫中的牡丹嬌艷欲滴，充滿了富貴氣象。有一次，一個人慕名而來，買了一幅他親手所繪的牡丹，回去之後，立刻高高興興地掛在客廳裡。

幾天後，一個朋友來訪，見到那幅畫之後，搖搖頭說：「畫倒是好畫，可是不吉利。你看，這畫上的牡丹沒畫全，少了一個邊。牡丹代表富貴，沒畫全，那不成了『富貴不全』嗎？」

那人聽了覺得大有道理；買牡丹畫就圖它這個富貴的意思，如果變成了不吉利，怎麼能要呢？於是他拿了那幅畫回去，向俞仲林說明原因，還央請俞仲林重畫一幅。

俞仲林聽了他的理由後，便笑著對他解釋：牡丹代表富貴，缺了一條邊，表示「富貴無邊」，怎麼會不吉利呢？

那人聽了俞仲林的解釋後，高高興興地捧著畫回去了。

不同的角度

☑ 對同一個事物你從不同的角度看，可以得出不同的結論。你認為世界是美的，你就會從中看到美；你認為世界是醜的，世界就會以醜的面貌來回應你。相同的道理，生活的質量高低也全在自己怎麼看。

遠見

戰後的日本，還沒有完全從衰敗的經濟中甦醒過來。日本知名家電品牌夏普的創辦人——早川德次，是第一個在日本進行收音機研究與製造的人，而且也是第一個向美國提出電視機技術合作的建議。

這時，全日本只有早川德次有發展電視機生產的規模與遠見，其餘家電廠商都對生產電視機持懷疑態度，他們嘲笑早川德次：「電視在日本根本沒有遠景可言，我們為什麼要在未知利潤的情況下，下這樣大的賭注呢？」

但早川德次卻對自己的商業感覺充滿了信心，預測到他的決策是正確的。所以，並不理會這些冷嘲熱諷，他大膽投資，開設電視工廠，致力於黑白電視機的製造。不久，日本第一家民營電視台宣告成立。內容新鮮的電視節目吸引了無數好奇的觀眾。

從此電視機開始漸漸被人們認識和接受，早川德次生產的電視機銷售量猛增，他也從電視機生產中獲得了高額的利潤回報。

☑ 自信是對自我的肯定，這種力量來自於你的內心世界，來自於你對自己相信的程度。當一個好念頭像彗星一樣，拖著閃光的尾巴在你的腦海裡劃過時，一定不要輕易地把它錯過。

世上有人們想不到的事，卻沒有人們做不到的事，一個人的成功取決於他對自己信任的程度。

自信

白雲禪師有一次與楊岐禪師對坐，楊岐問道：「聽說你從前的師父茶陵郁和尚大悟時說一首偈，你還記得嗎？」

「記得，那首偈是『我有明珠一顆，久被塵勞關鎖；一朝塵盡光生，照破山河萬朵。』」白雲畢恭畢敬地說。

楊岐禪師聽了，大笑數聲，一言不發地走了。

白雲怔坐在當場，不知道楊岐禪師聽了自己說完那首偈語之後為什麼大笑，心裡非常愁悶，整天都在思索著楊岐禪師的笑，但找不到任何原因。

那幾天晚上他輾轉反側，無法成眠，苦苦地思考了好幾夜。後來他實在忍不住了，就去請教師父明示。

楊岐禪師聽罷笑得更開心，對著困惑因失眠的白雲說：「原來你還比不上一個小丑；小丑不怕人笑，你卻怕人笑！」

白雲聽了，豁然開悟。

自信

☑

因為別人的一舉一動而影響自己的心情和行為是不成熟的表現，太在意別人對自己的看法和觀念，會活得很累。只要自己沒做錯什麼事，就可以擺脫一些細枝末節的糾纏，多一份豁達與從容，因為生活是自己的而不是別人的。

當機會來臨時

美國「石油大王」、美孚公司創始人洛克菲勒當年創業的時候，正值美國經濟蕭條時期，許多人都害怕美元貶值、股票下跌、經濟不穩定，而他卻堅信煉油廠的前景可觀。

他先投資煉油廠，獲得了理想的收益，他發現煉油廠是石油工業的關鍵。於是他決定擴大經營煉油廠，並積極成立美孚石油公司。

在石油工業的混亂年代，洛克菲勒又以他的鐵腕控制了美國絕大部分的煉油業、全部的主要油管幹線以及全部油車；他嚴以律己、勤儉樸實，用他無比的毅力經營他的石油王國。

洛克菲勒實現了自己的夢想，成為世界石油巨頭，他的成功經驗就是強烈的自信再加上堅韌不拔的努力。

☑

信念是人們做事的核心，如果沒有一種信念作為支點，成功則很難想像。自信是一切信念的核心，缺乏自信的話，人生的一切行動都要停止。

不要期待巨大的幸運會突然降臨，應該抓住出現在你面前的每一個機會，使它在你的手中變成巨大的幸運。

克服失敗的回憶

每個人的心靈深處都會有一些不愉快的、甚至是恐怖的記憶，許多人在長大之後，回憶起童年的時候，記憶最深的，往往是一些恐懼的回憶。

比如因為算術不及格，所以被父親責打；比如做了錯事，所以被大人關在黑屋子裡——這些記憶就像是心靈的黑洞，要擺脫這些痛苦的記憶是很難的。

前重量級拳王阿傑．登普西曾經講述，他失去拳王頭銜時的感受：「在拳賽進行的過程中，我忽然發現我變成了一個老人！到第十回合終了，我還沒有倒下去，可是也只是沒有倒下去而已。我的臉腫了起來，而且有很多處傷痕，兩個眼睛幾乎無法睜開！我看見裁判員舉起對方的手，宣佈他獲勝！我不再是世界拳王了。

一年之後，我又再度跟對手比賽了一場。但是，我的心被上一次失敗的感覺佔據著，要完全不去想這件事情實在是很困難，

可是我對自己說：我不能生活在過去的記憶裡，我要承受這一次打擊，不能讓它將我打倒。」

☑ 只有相信自己是能夠克服困難的人，才能真正地克服困難。

當恐懼和失敗就像冰一般，牢牢凍住你的記憶時，最好的辦法是把它打碎，然後再用成功的故事來溫暖自己的心靈，並常對自己說：「我一定可以做到。」

勇於發問

有位心理學家，在他的女兒第一天上學的時候，教給她一項訣竅，令她在學習生活中無往不勝。這位心理學家送女兒到學校門口，在女兒進校門之前，告訴她，在學校裡要多舉手。女孩真的遵照父親的叮嚀，時時記得舉手。

老師發問時，她總是第一位舉手的學生。不論老師所說的、所問的她是否了解，或是否能夠回答，她總是舉手。

隨著日子一天天過去，老師對這個不斷舉手的小女孩，自然而然印象極為深刻。不論她舉手發問，或是舉手回答問題，老師總是優先讓她開口。

而，正因為累積了許多，這種不為人所注意的優先舉手發言權，這個小女孩在學習的進度上，以及自我肯定的表現上，甚至於其他方面的成長，都大大超越其他同學。

☑ 不停地舉手，就是不停給自己信心和勇氣，就是在不停地告訴別人：「我在這裡」、「我可以」。千萬不要忽視任何一個能充實自己、提高自己的機會，畢竟有時那只需「舉手之勞」。

真實的高度

一天，大仲馬得知他的兒子小仲馬寄出的稿子總是碰壁，便對小仲馬說：「如果你能在寄稿時，隨稿給編輯先生們附上一封短信，或者只是一句話，說『我是大仲馬的兒子』。或許情況就會好多了。」

小仲馬固執地說：「不，我不想坐在你的肩頭上摘蘋果，那樣摘來的蘋果沒味道。」年輕的小仲馬不但拒絕父親的盛名做自己事業的敲門磚，而且不露聲色地給自己取了十幾個其他姓氏的筆名，以避免那些編輯先生們把他和大名鼎鼎的父親聯繫起來。

面對那些冷酷而無情的一張張退稿箋，小仲馬沒有沮喪，仍在不露聲色地堅持創作自己的作品，他的長篇小說《茶花女》寄出後，終於以其絕妙的構思和精彩的文筆震撼了一位資深編輯。

這位知名編輯曾和大仲馬有著多年的書信來往。他看到寄稿人的地址同大作家大仲馬的絲毫不差，懷疑是大作家大仲馬另取的筆名。但作品的風格卻和大仲馬的迥然不同，所以他迫不及待地搭車造訪大仲馬家。

令他吃驚的是，《茶花女》這部偉大的作品，作者竟是大仲馬名不見經傳的年

真實的高度

輕兒子小仲馬。「您為何不在稿子上署上您的真實姓名呢？」老編輯疑惑地問小仲馬。小仲馬說：「我只想擁有真實的高度。」

☑ 失敗不失自信。自信是從事大事業所必須具備的素質，也是戰勝困難和失敗的墊腳石。

懷抱希望

在英國的某個小鎮，每年一到聖誕夜，鎮上所有的居民便會聚集到教堂禱告。這項傳統已經沿襲許久了。

到了午夜，他們會點起蠟燭，唱著聖歌和讚美詩，然後沿著一條鄉間小徑，走到幾哩外的一棟破舊小石屋。他們接著在屋裡擺起馬槽，模仿當年耶穌誕生的情景，然後眾人懷著虔誠的心情，跪下祈禱。

他們和諧的歌聲溫暖了十二月凜冽的寒風，只要是能走路的人，都不會錯過這場神聖的典禮。

鎮上的居民都相信，只要他們在聖誕夜滿懷信心地祈禱，那麼在午夜來臨的那一刻，耶穌基督會在他們眼前復活。幾百年來，他們世世代代都到這小石屋裡祈禱，期盼著奇蹟的降臨。

當地居民被問道：「你們真的相信耶穌基督會再次在鎮上現身嗎？」

居民搖了搖頭說：「我不相信。」

「那你何必每年都去小石屋呢？」

「啊，」他笑著回答：「萬一耶穌真地復活，而我沒親眼目睹，那我不是會遺憾終生？」

懷抱希望

☑

試一試，也許下一次情況就會有所改變。

是什麼讓我們屢遭磨難卻仍然相信人生的美麗？是什麼讓我們在漆黑的深夜裡能愉快地渴望明天的陽光？不休不止地企盼？因為這些都來自我們天性中固有的善良和平靜的等待。

浪子回頭

阿凱生長在貧窮的環境，他的童年在缺乏愛的家庭裡度過。他跟壞孩子學會了逃學和吸毒。

剛滿十五歲就因搶劫一家超商被移送管訓；十八歲時因為企圖撬開公司的保險箱再次被捕；後來因為參與黑道份子地盤爭鬥，終於被送進了監獄。

在監獄裡有一個老犯人看到他正在打棒球，便對他說：「你是有能力的，你要好好把握，還那麼年輕，千萬不要自暴自棄！」

阿凱反覆思索老囚犯對他講的這番話，於是他作出了足以改變一生的決定。他雖然還在監獄裡，但他具有一個囚犯能擁有的最大自由：他能夠選擇出獄之後不再成為惡棍，選擇重新做人——當一個棒球選手。

當他出獄後，他積極參與社區活動，並組成社區棒球隊，帶領著社區小孩子進行健康、活力的運動，他終於活出另一個自己。

☑

有句老話叫做「朽木不可雕也」，其實每一種木都有它自身的價值，木材的用途有很多，並非只有雕琢一種。不可雕琢的木頭還可以做柴燒，並非百無一用，認定自己毫無用處的人，等於自己給自己的前途宣判了死刑。

好念頭就像枯樹上生出的新芽，它能使枯死的生命復甦；壞的思想就像是長在新鮮的蘋果上的霉斑，足以吞噬建康的生命。每一天都要檢查一下自己的頭腦，不要讓那些生有霉斑的念頭在頭腦裡築巢。

第二落點

十九世紀中葉，美國加州傳來發現金礦的消息。許多人認為這是一個千載難逢的發財機會，紛紛奔赴加州。十七歲的約翰也加入了這支龐大的淘金隊伍。他和大家一樣，歷經千辛萬苦，趕到加州。

淘金夢是美麗的，做這種夢的人很多，而且還有越來越多的人蜂擁而至，一時間加州遍地都是淘金者，金子自然越來越難淘。不但金子難淘，而且生活也越來越艱苦。當地氣候乾燥，水源奇缺，許多不幸的淘金者不但沒有圓了致富夢，反而喪身此處。

約翰經過一段時間的努力，和大多數人一樣，沒有發現黃金，反而被饑渴折磨得半死。一天，望著水袋中一點點捨不得喝的水，聽著周圍人對缺水的抱怨，約翰忽發奇想：淘金的希望太渺茫了，還不如賣水呢。

於是約翰毅然放棄打金礦的努力，將手中挖金礦的工具變成挖水渠的工具，從遠方將河水引入水池，用細沙過濾，成為清涼可口的飲用水。然後將水裝進桶裡，挑到山谷一壺一壺地賣給找金礦的人。

當時有人嘲笑約翰，說他胸無大志：「千辛萬苦地趕到加州來，不挖金子發大

第二落點

財，卻幹起這種蠅頭小利的小買賣，這種生意哪兒不能幹，何必跑到這裡來？」

約翰毫不在意，不為所動，繼續賣他的水。結果，大多數淘金者都空手而歸，而約翰卻在很短的時間靠著幾乎無成本的賣水生意賺到六千美元，這在當時是一筆非常可觀的財富了。

☑

在追逐主要目標的過程中，便會有派生出來的次要目標與機遇，當大家都在蜂擁而上搶第一落點時，抓住第二落點也不失為一種明智之舉。

聰明的你要明白，事業的成功不在於你選擇的是什麼職業，而在於你在自己的崗位上作出了什麼樣的成績。

相信

有位探險家在崇山峻嶺間迷了路，身上攜帶的食物與飲水都已經耗盡，在飢渴不已的情形下，突然間發現一座裝有手動壓桿的水井。

探險家狂喜之餘，衝上前去用力掀動壓桿，眼睛死盯著出水的龍頭，渴望能暢飲甘美的井水。

他上下掀動壓桿許久，仍然見不到水流出來。而劇烈運動，使得原本因飢渴而疲憊不堪的他，幾乎虛脫地坐在地上。

「看來，這是一口乾涸的井。」探險家絕望地四處打量。他突然發現，在自己的腳邊有一只盛滿清水的罐子。

他幾乎不敢相信自己的眼睛，趕忙拿起水罐，正欲狂飲時，目光看到水罐旁還有一行字跡，寫著：「把這些水從注水口倒進去，再搖動壓桿，就可汲出井水。」

探險家此時陷入兩難：能不能相信這行字呢？面對可能是唯一能讓他活下來的一罐清水，他掙扎許久。

他終於決定相信水罐上的話，他將水罐裡的水倒入注水口，然後他用顫抖的雙手去搖動壓桿。這時奇蹟發生了；他發現只需用兩根指頭輕搖壓桿，即可輕鬆地打水。

相信

探險家不僅裝滿自己的水壺，也不忘將原有的水罐加滿井水。同時在原來那行字跡旁加了幾個字：「請務必、務必、務必要相信這些字的引導。」

☑

能不能相信他人，其實是在驗證自己的心性。

如果不理會那行字，拿了水罐自己走人，固然可以解脫一時的困境，但卻給後人留下的是絕望，而不是希望與機會。

我的志願

一天，老師給學生的作文題目是：「我的志願」。

一個小學生非常喜歡這個題目，在他的本子上，飛快地寫下了他的夢想。

他希望將來自己能擁有一座占地十餘公頃的莊園，在遼闊的土地上植滿如茵的綠草。莊園中有無數的小木屋和一座休閒旅館，除了自己住在那兒外，還可以和前來參觀的遊客分享自己的莊園，有住處供他們休憩，有地方供他們打球、烤肉。

老師看過後，要求他重寫。

小學生仔細看了看自己所寫的內容，並無錯誤，便拿著作文去請教老師。

老師告訴他：「我要你們寫下自己的志願，而不是這些如夢幻般的空想，你知道嗎？」

小學生據理力爭：「可是老師，這真的是我的志願啊！」

老師也堅持：「不，那不可能實現。那只是一堆空想，我要你重寫。」

小學生不肯妥協：「我很清楚，這是我真正想要的，我不願意改掉我夢想的內容。」

老師搖頭：「如果你不重寫，我就不能讓你及格了。你要想清楚。」

小學生也跟著搖頭，不願重寫。而當然，小學生並沒有拿到及格的成績。

多年之後，這位老師帶著一群小學生到一處風景優美的度假勝地旅行，盡情享受著無邊的綠草、舒適的住宿及香味四溢的烤肉。

這時，一位中年人向他走來，並自稱曾是他的學生。這位中年人告訴他的老師，他正是當年那個作文不及格的小學生，如今，他擁有這片廣闊的度假莊園，真的實現了兒時的夢想。

☑ 兒時的夢想，往往隨著歲月的流逝，在成長的過程漸漸萎縮、凋零。而那些成就了夢想的人，他們所做的僅僅就是：把夢想永遠留在心裡，從不放棄、堅持到底。

葫蘆的祕密

傳說某個旅遊勝地出售一種幸福葫蘆，專供旅遊到此的夫妻、情侶購買。當然，葫蘆的製作絕對精良。葫蘆的腰間繫著環環相扣的帶子，表示雙方恩愛，相伴相隨。最神祕的機關在葫蘆嘴處。葫蘆的頸部被撕開過，但又被工匠巧妙而嚴密地封好了。有的情侶、夫妻主張打開葫蘆蓋，以便能將幸福盛在裡面；有的情侶、夫妻則反對，因為他們擔心一旦開啟，幸福可能會像一陣輕煙似地隨風而去。

究竟哪一個是對的呢？兩派爭執不下，便一同去請教當地一位智者。

智者聽後哈哈大笑，說：「裝進幸福和擔心幸福跑掉還不都是珍惜愛，既然如此又何必在乎形式呢？」

☑

潘朵拉的盒子裡跑出的是疾病、災難、死亡，幸福葫蘆裡裝的是恩愛纏綿、廝守。你將什麼樣的情感裝在心裡，它就會生根、發芽，結出什麼樣的果子來。

想吃到鮮美甘甜的果子，就在心田裡種下真誠的愛心吧。

有志者事竟成

美國國際鋼鐵公司的創始人威耶出身貧困，他就是靠著一個堅定的信念白手起家的。

他小時候因為家裡貧窮，無法到學校上學，不得已只好輟學到一家公司打雜，一天工作長達十二小時，週薪卻只有寥寥幾塊美金。

有一次，他肚子餓極，想要買一個麵包果腹，但他身上卻沒有錢，他只好對老闆說：「我將來一定會賺很多錢還你。」

老闆仔細端詳著在寒風中衣著單薄、瑟縮發抖的少年，惻隱之心油然而生。

「你說，你將來會賺許多錢嗎？」老闆試探地問。

「我已經決心要這麼做。」威耶抬起頭兩眼堅定地看著老闆。

「有志者事竟成。好，送你一個麵包。」

「不是免費的，是記帳。」威耶認真地說：「以後我一定會還你的！」

從此，威耶立下了創業的宏願。他憑著一股雄心壯志與自信，終於開創出了一番事業。

有志者事竟成

☑ 一個人的價值永遠超不出他的雄心。

對於一個成功的人來說，立志是走向成功的第一步。每個成功者在創業之初，最重要的也許不是別人的巨額投資，而是充分地相信自己，為自己樹立起遠大的目標。

其實，一個人的價值就是當他為自己確立了目標之後，努力朝著自己的極限與目標發出挑戰的戰績。

駱駝上樓

有人得到一隻死駱駝，並弄回家裡來剝皮。但那把屠刀因長久不用，鈍得厲害。他想找塊磨刀石磨磨，找來找去，終於在樓上找到了。

磨刀之後，動手開剝。不一會，刀又鈍了，他不得不上樓再磨。就這樣，上樓磨刀，下樓剝駱駝，上上下下，不知折騰了多少次，他覺得太麻煩、太吃力了。忽然，他靈機一動。他嘲笑自己道：「我真是個笨蛋！把駱駝吊上樓去，就著磨刀石磨刀，豈不省事得多？為什麼先前我就沒想到呢？」

為了磨刀方便，當然，也為了提高剝駱駝的工效，他真的把駱駝吊上樓去，卻忘了他可以將磨刀石帶下樓來。

☑ 方法是從許多可能的辦法中選擇出來的一種正確的辦法，正確地做事比做正確的事更重要。

當你每天辛苦地工作，是否常覺得疲累而又厭倦？先放下手邊的工作，靜思一下，在安靜默想中調整自己的步驟和方向，就會使你達到事半功倍的效果，也能更清晰地看到前面的路。

助人助己

阿毛剛和女朋友分手，心中非常煩悶，他踢著路邊的小石子，漫無目的地走在大街上。突然，他的小腿被什麼東西打了一下，疼痛頓生。他惱怒地轉過身正想罵人，只見一位約四十歲的中年人站在他的身後。此人戴著一副墨鏡，手裡握著一根竹竿，顯然是一位盲人。

盲人彷彿已意識到前面站著人，他微微點了一下頭說：「對不起，請問一下秀朗路怎麼走？」

阿毛本想痛罵一下這位突然出現的冒犯者，但一看是位盲人，心中忽生邪念，想戲弄一下這位盲人，他假裝熱情地說：「你順著這條路往前走，再過兩個路口就到了。」

盲人謝過阿毛，用竹竿點著地面，篤篤地走了過去，其實阿毛指的這條路正在進行擴建，路面崎嶇不平非常難走，盲人沒走幾步，就一個踉蹌差點摔倒。看著盲人步履蹣跚的樣子，阿毛開心地笑了，心中有一種扭曲了的滿足。

正當阿毛把注意力全放在盲人身上時，背後一輛摩托車急馳而來，就在他轉身的一瞬間，摩托車刮了他一下，阿毛瞬間失去了重心而重重地跌在地上，而就在倒地的那一剎那，阿毛打算伸出手臂撐住身體，但由於用力過猛，只聽「喀」的一聲，整個肩膀就脫離了原有的位置，痛得阿毛大叫。而撞了他的摩托車只是停頓了一下，便隨即揚長而去。

剛走沒多遠的盲人，聽到阿毛的慘叫聲，毫不猶豫地折了回來。他摸索著走近阿毛的身邊，並關心地問他出了什麼事。阿毛用另一隻手撐住地面痛苦地說：「我被摩托車撞了，肩膀可能脫臼了。」

「別亂動！讓我看看！」盲人趕緊俯下身，用手摸了摸阿毛的脫臼處說：「還不太嚴重，我幫你把它復原吧！」

盲人熟練地用膝蓋頂住阿毛的背部，然後小心翼翼地將脫落的手臂移到正確位置，手掌用力一拍，手臂竟完好如初。阿毛看著眼前這位盲人為他所做的一切，心裡好像刀割一樣，他感到疼痛不已，但不是來自肩膀，而是胸口。

他握住盲人的手激動說：「我……我真不知道該怎麼感謝您！」

盲人擦掉額頭的汗水，站起身笑著說：「何必這麼說呢，你剛才也熱心地幫我指路啊！人活在世界上，本就應該互相幫助。」

☑ 珍惜每次對人的幫助；因為總有一天，這些幫助一定會迴向到自己身上。

一吻悟人生

冬天的捷運列車；車外溫度低，車內的溫度也沒比外面高幾度。車廂內擠滿了人，但大家都沉默不語。

突然，有個小男孩在滿是乘客的車廂內興奮地鑽來鑽去，而孩子的爸爸則站在我身後的車門旁。列車一路搖晃行駛著。突然，那個可愛的小男孩溜到我的旁邊，將手擱在我的膝蓋上。

我饒富趣味的看著他，想知道他要做什麼？他抬起頭來看著我，並用可愛的童音呼喚著我。我彎下身子，想要更接近他，以便聽聽他何以要叫我。突然，在我毫無心裡準備下，他在我臉上印下了響亮地一吻。

我呆楞地看著他，他只對我笑笑地說：「阿姨，妳好漂亮。」便自顧自的又溜到另一端，留下呆若木雞的我。

不久後，我發現他用同樣的方式，親吻了好幾個大人，男男女女都有；後來，他還跟一個年紀相仿的小女生玩了起來。被他親吻過的大人，個個都一臉狐疑，並且感到忸怩不安，只能一臉傻笑回應著小孩的父親。

當那個父親準備要下車時，看著我們充滿疑問的目光，他說出了緣由：「他是因為能夠活著才那麼高興；他曾生過一場重病。」說完，父子倆的身影便消失在熙來攘往的人群中。

車門關上後，捷運列車繼續隆隆開動。車外的溫度依舊，而車內卻彷彿有了一絲溫度。我仍感覺到臉上那一個火辣的吻。

這一吻觸發了我的內省，令我心潮如湧。那送吻的小男孩像在我們每個人臉上輕摑了甜蜜而又具有深意的一掌：小心，別讓自己變成行屍走肉！

☑ 很多時候，我們在塵世忙碌地奔波，忘了自己為什麼而活著，忘了感動，忘了快樂。可是你是否想過，其實我們是如此富有，如此幸福。

夢想的力量

前不久一則新聞深深的感動了我——一個失學許久的婦人，靠著無比的毅力與懷抱著夢想，省吃儉用將所有積蓄捐給母校建圖書館，因為她相信，她一定可以做到。

這名婦人因遭逢家故，剛從小學畢業，品學兼優的她竟為了家計，而無法繼續升學。她一肩扛起經濟重擔，接下父親的菜攤，每天天未亮就必須到批發市場，批菜運貨到市場叫賣，從年少至今現已年過半百，她仍不言悔。

家裡的不幸一件接著一件，先是母親生病、父親病故，後有二位弟弟先後因車禍及感冒不治身亡；這一切的一切，並沒有將這位婦人擊垮，她不僅化悲憤為力量，更將這份力量化為對社會的大愛。

她辛苦賺得每一分錢，省吃儉用一點一滴的存起來，就是希望這些錢能發揮最大效用。她首先捐助了一百萬給佛光學院，後來又捐了一百萬給母校成立急難救助獎學金；後來更是為了彌補自己失學之憾，主動捐了四百五十萬元，在母校興建圖書館，為了就是給這些小孩們，有一個明亮舒適的閱讀空間。

☑

自信是一種催化劑，它可以幫助人獲得生命中最有價值的東西。它可以將消極的條件轉變為積極的動力，以得到圓滿的結果。

當你確立了一個遙遠的目標並為之努力的時候，這時的你已經具有了一種無堅不摧的力量，這種力量對於人類來說是有益的，它是產生社會進步的動力。

回報真心

有一富翁為了測試別人對他是否真誠，就假裝生病住進醫院。

結果，那富翁說：「很多人都來看我，但我看出其中許多人都是為了我的遺產而來的，尤其是我的親人。」

主治醫師問他：「你的朋友有來看你嗎？」

「經常和我有往來的朋友都來了。但我知道他們不過是當作一種例行的應酬罷了。」

「還有幾個平常跟我處不來的人也來了。但我想，他們肯定是聽到我病重的消息，幸災樂禍來看熱鬧的。」

最後，他下了一個結論：根本沒有人對他有真正的感情。

主治醫師便告訴他說：「為什麼你要去測驗別人對自己是否真誠，而又苦於測驗結果？卻從來不深思，自己對別人是否也同樣真誠呢？」

☑

人心，都是肉做的。

你對人家真心真意，人家也會以同樣的態度回報你；你對人不懷好意，別人又怎樣對你回報真心呢？

慈祥的父親

一個年輕父親在街上推著一輛娃娃車，車上坐著一個只有兩歲大的小孩，可是小傢伙在車裡大哭大鬧，吵個不停。父親低聲說道：「高峰，千萬別著急，千萬別生氣，馬上就會好的，馬上就會好的，媽媽馬上就會來了。」

一個女人看到這一切，很感動，她跑上前說道：「先生，你真了不起，這麼溫柔地跟孩子說話，真是又體貼又有愛心。」然後她俯下身，對小孩說：「高峰寶寶，別哭了，你爸爸多好呀！」

年輕父親聽了，慢慢地說：「不是啦，他叫順順，我才是高峰。」

☑ 要絕對相信一切都會好，相信自己能做到。要明白，一切都可能會實現，你能做好每一件事。

生命的奇蹟

有一個孩子名叫丹普，他出生時四肢不全，他的右手臂及右腳嚴重萎縮。但他喜歡足球；他想像其他孩子一樣，可以盡情地踢球。於是，他的父母費盡心力為他裝上義肢，以便使他能穿上特製的足球鞋，一圓他可以踢球的夢想。

丹普每天不間斷地練習踢足球，並努力將射門距離越拉越遠。他的努力，讓他漸漸嶄露頭角。後來他變得極負盛名，許多球隊紛紛邀請他加入。

一場關鍵的球賽中，距離終場時間僅剩兩秒，丹普用他的跛腳，在距離球門非常遠的距離勁踢入網時，球迷的歡呼聲震天價響。而丹普所屬球隊也因這關鍵一球贏得這場比賽。賽後，對手球隊的教練說：「我們是被一個奇蹟打敗的。」

對許多健康的人來說，這是一個奇蹟。這個奇蹟就是對那些不肯屈從於命運擺布的人最好的回答。

☑

年輕人只要向正確方向走，總有一條成功之路；許多人就是沿著正確的道路一直走下去，終於走出了人生的沼澤。

當一個人全力以赴地發展自己的事業時，就會煥發巨大的潛力，這種潛力可以變成一種征服世界的力量，有了這種力量，實現理想目標的日子便指日可待了。

一家之主？

老陳的家裡，前不久出現一隻大老鼠。那是隻肥碩、令人作嘔的大黑鼠。做為所謂的一家之主，保護舒適愜意的家不受外敵侵擾，這樣的任務自然落到老陳的頭上，說得更準確些，這就是男人的義務和責任。

老陳以掃帚為武器，小心翼翼地走進廚房的門，向這個可惡的傢伙猛地扔去一隻拖鞋，可那傢伙居然不屑地瞥了老陳一眼，一溜煙又不知跑到哪裡去。

老陳是個大男人，怎能容許這種被輕蔑的感覺？這使得他壓抑恐懼的心理，發誓一定要捉到這隻大老鼠。

老陳不是不害怕，他心裡其實直發毛。但他實在是無法拉下臉來，告訴妻子他的害怕及恐懼。他想找外面的清潔公司來處理，但又開不了口。

突然，他聽到老鼠吱吱的尖叫聲。他想起了昨天放下的補鼠器，看來是收到成效了。他趕緊跑到後陽台，去看被困住的老鼠。

面對這隻令人毛骨悚然的大老鼠，老陳全身起了雞皮疙瘩。但他強裝鎮定，將一壺熱水淋在那隻令人生嘔的大老鼠身上。耳邊聽著老鼠的哀嚎，老陳沒有一絲高興，因為他實在恐懼到極點了。

老鼠終於動也不動了。老婆在旁邊讚美著親愛的老公，說他是最英勇的男人。

Make a
Decision

一家之主？

兒子下課一回來，知道偉大老爸的豐功偉蹟，纏著老陳要他說說「獵鼠計畫」。老陳開始講述整著過程，鉅細靡遺。至於他心裡的那些恐懼……這些話男人是不會說的。

☑ 人常常被與自身本身不符的角色所困擾，但強烈的責任感會驅使他出色地完成任務，不輕易地說自己「不行」。重要的是要負責任，盡義務，說你行，你就要行，不行也得行。

Nothing
is
impossible!

沒有絕對的永遠

六歲的女兒，一直有「收集」的癖好。

其實她的收集，多是我們眼中的「垃圾」，例如：糖果紙、小磁鐵，甚至一些小紙頭，都在她的收集之列。為避免太掃她的興，於是給了她一個大紙盒裝她的「寶貝」。但也言明僅以此盒為限，若滿了便必須自行清理、取捨。

有意思的是，每次她清理盒子時都會丟出一些東西。當初萬般心疼收藏的寶貝，才經過一兩個月的時間，卻毫不留情地被丟進垃圾桶。連她自己都說：「好奇怪！我那時怎麼會喜歡這個？」

人的意念喜好的改變，似乎連自己都無法理解。現在許多年輕人，一但結交了異性朋友，便認定對方是自己的全部，毫不保留地交出自己的一切。殊不知年歲漸長後，觀念、思想皆會有所改變，對人事物的眼光也會有所不同。年少時候的愛情不能說不是，但對於「天長地久」總有那麼點難堪。這也是太年輕的夫妻離婚率特別高的原因。

☑

人可以用「善變」來形容自己，但由生澀到成熟穩重，本就是一連串的蛻變。

在尚未成蛹成蝶之前，先別急著說出「永遠」的承諾吧！

茶杯在上，茶壺在下

一個年輕人滿臉失望地來到寺廟，對住持和尚說：「我一心要學畫，但至今沒有找到一個能令我滿意的老師。」

住持笑笑問：「你走南闖北了十幾年，真的沒能找到一個自己的老師嗎？」

年輕人深深嘆了口氣說：「許多人都是徒有虛名啊，我見過他們的畫作，有些畫技甚至不如我呢！」

住持含笑聽完說：「老衲雖然不懂丹青，但也頗愛收集一些名家精品。既然施主的畫技不比那些名家遜色，就煩請施主為老衲留下一幅墨寶吧。」說著，便吩咐一個小和尚取來筆墨硯和一沓宣紙。

住持說：「老衲最大的嗜好，就是愛品茗飲茶，尤其喜愛那些造型流暢的古樸茶具。施主可否為我畫一個茶杯和一個茶壺？」

年輕人聽了便說：「這還不容易？」於是調了一硯濃墨，鋪開宣紙，寥寥數筆，就畫出一個傾斜的水壺和一個造型典雅的茶杯。那水壺的壺嘴正徐徐吐出一脈水來，注到那茶杯中去。

年輕人問住持說：「這幅畫您滿意嗎？」

住持微微一笑，搖了搖頭。

茶杯在上，茶壺在下

住持說：「你畫得確實不錯，只是把茶壺和茶杯放錯位置了。應該是茶杯在上，茶壺在下呀。」

年輕人聽了，笑道：「大師何以如此糊塗，只聽說茶壺往茶杯裡注水，又如何茶杯在上茶壺在下呢？」

住持和尚聽了，又微微一笑說：「原來你懂得這個道理啊！你渴望自己的杯子裡能注入那些丹青高手的香茗，但你總把自己的杯子放得比那些茶壺還要高，香茗怎麼能注入你的杯子裡呢？澗谷把自己放低，才能得到一脈流水；人只有把自己放低，才能吸納別人的智慧和經驗。」

年輕人思忖良久，終於恍然大悟。

☑

茶杯在上，茶壺在下，茶壺裡的水自然就倒不進茶杯。同樣，如果我們總是高高在上，不願虛心向人求教，也就得不到教誨。

想要吸取別人的智慧和經驗，首先要把自己放低。

像猴子一樣笨

在印度的熱帶叢林裡，人們用一種奇特的狩獵工具捕捉猴子：一個安裝固定的小盒子裡面裝有猴子愛吃的堅果，盒子上開了一個小口，剛好夠猴子的前爪伸進去，但抓住堅果就不能抽出來了。人們常常能夠輕易地捉到猴子；因為猴子有一種習性：不肯放下已經到手的東西。

人們笑猴子愚笨：為什麼不放下堅果逃命要緊？不過，身為萬物之靈的人類，卻也不比猴子聰明多少，人類也是會犯同樣的錯誤！

有一個在科學研究上頗有成就的人，後來有機會擔任科學研究機構的首長。他成天忙於行政雜務，把原本研究工作徹底荒廢了。他對行政事務既不內行又不喜歡，常常感到苦惱。

我問他：「既然如此，為什麼不回去做研究？」

他苦惱的說：「上臺容易下臺難啊。已經到手的名聲，能夠說放棄就放棄了嗎？」

有一對夫妻，開了間小餐館，生意興隆，兩口子每天忙得昏天暗地，每天一早起來就開始忙，總要忙到深夜一兩點以後才關門，兩人都喊累。

朋友勸他們放鬆一下：比如晚點開門，早點休息；或者乾脆關起門來好好歇一

兩天。他們卻說：「放不下呀，那正是賺錢的時候！」兩個人就這麼苦撐硬頂地忙碌著。後來丈夫終於撐不住，病倒了住進醫院，太太只能將店關了，專心去醫院照料他。

因為錢財放不下，結果無法好好休息而損害了健康，這些人的做法，不是跟抓住堅果不放的猴子一般無二嗎？

☑

人生如船，生命這條船載不動太多的物欲和虛榮。要想揚帆而不在中途擱淺或沉沒，就必須輕載，把那些應該放下的，堅決果斷地放下。

對於這點，人們應該從猴子被捉的悲劇裡，得到一些啟示。

內在美

霍西的外貌極其平凡，除了身材五短之外，還是個駝子。

一天，他去拜訪一個客人，這個客人有個漂亮的女兒，霍西無可救藥地愛上了她。但她卻因霍西的畸形外貌而拒絕了他。

儘管遭到了拒絕，霍西並不灰心。霍西仍然想盡辦法，要讓她明白自己堅決的心意。

她有著天使般的臉孔，但讓霍西十分沮喪的是，她始終拒絕正眼看他。最後，霍西問她：「妳相信姻緣是上天注定的嗎？」

她眼睛盯著地板答道：「相信」，然後反問他：「你相信嗎？」

霍西回答：「我也相信。我聽說，每個男孩出生之前，上帝便會告訴他，將來要娶哪一個女孩。我要出生的時候，上帝便告訴我，祂已將我的新娘許配好，但，上帝又說，我的新娘是個駝子。」

「我當時向上帝懇求：『上帝啊！一個駝背的女孩，那是個多大的悲劇啊！求你把駝背賜給我，再將美貌留給我的新娘吧！』」

美麗的女孩驚訝的看著霍西的眼睛，並被他眼睛中的真誠感動。最後她成了霍西最摯愛的妻子。

內在美

☑ 不要總是為自己的缺陷，而苦惱和自暴自棄，既然上天給了我們無法彌補的缺陷，我們只能坦然面對。但，這不是說就此無所作為。只要我們保有一個純真、良善的心，相信它會為你帶來企盼的成功。

天氣預報

一隊伐木工人進駐高山林區，由於山上的氣溫和山下相差極大，又得時時提防山區大雨所造成的山洪爆發、土石流，這群伐木工人一直相當注意氣候的變化。

在林場的日子久了，他們和當地土著相當熟悉，在言談中發現土著們有一項特殊的本能：對隔日的天氣，掌握得相當準確。只要土著斷言明天不會下雨，第二天一定是晴朗的好天氣。

從此以後，伐木工人不再細聽收音機的預報，改為向土著請教氣候的變化。而土著也不厭其煩地每天準確預報天氣。

伐木工人對於土著這種令人難以置信的本領非常佩服。直到有一天土著告訴他們說，再也無法預報天氣了。

伐木工人大感詫異，問道：「為什麼不能？難道你們的本領在一夜之間全都失去了？」

土著嚴肅地回答：「收不到了。」

伐木工人更是詫異：「收不到了？什麼東西收不到？」

「我們唯一的收音機壞了，收不到天氣預報。」

天氣預報

☑ 人們有時面對別人的懷疑時，會懷疑自己是否真的有錯誤，歸根究底是自信心不足。多相信自己一些，在面對旁人的懷疑時，只要能確定自己是對的，那就堅持吧！

幸福就在你的身邊

有一個農夫，聽信朋友的話：「如果你能得到拇指大的鑽石，就能買下附近全部的土地；倘若能得到鑽石礦，就可以三代吃穿不愁。」

從此後鑽石的價值深深地印在農夫的心裡，他對什麼都不感到滿足了。

他一直追問朋友，哪裡能夠找到鑽石？朋友勸他要務實一點，不要成天做白日夢。但農夫聽不進去，仍死皮賴臉地纏著他，最後他只好告訴農夫：「你去很高的山裡尋找淌著白沙的河。倘若能夠找到，那白沙裡一定有鑽石。」

於是那個農夫變賣了自己所有的財產，甚至不惜讓家人寄宿在街坊鄰居家裡，自己便出門去尋找鑽石。但他走了很久，找了很久，始終沒有如願。最後，甚至客死異鄉。

至於買下農夫房子的人，有一天想將馬匹牽進後院的小河喝水。當他將馬帶進河流邊時，他突然發現，陽光下的溪流閃耀著奇異的光彩。他立即尋找出，發出光彩的石頭，並請人鑑定。後來鑑定報告出來，那確實是一個鑽石原石。

☑

在生活中我們常常會捨近求遠，到別處去尋找自己身邊就有的東西。而往往，你要尋找的東西在你的身邊。

造就良將

當年張良與大力士一起在博浪沙刺殺秦王，失敗後，張良便隱居鄉下。

一日，張良漫步在橋上，突遇一老人。老人將鞋子踢到橋下，並要張良幫他撿鞋子、穿鞋子。張良因其是老者，隱忍著不發怒，一一照做。

老人便對他說：「嗯！你這小伙子是可以調教一番的。五天後的早上，到這裡來等我。」

到了第五天，張良一大早就去橋頭赴約。但老翁卻比他還先到。

老人便教訓他：「跟老人家約會卻遲到，簡直不像話，五天後早點來。」

可是五天後，張良仍然晚了一步；老人還是要他五天後再來。

第三次，不到半夜，張良就先到橋頭等。

不久，老翁也來了。

老翁笑著從懷中取出一卷書，說：「好好研究它，可以做帝王之師，十年之後，定有成就……」

張良回去一看，是部兵書。他日夜苦讀，後來助劉邦取得了天下。

☑ 在我們身邊，也許有不少能人，只是不免有些小惡習。如果你決心栽培他，就得有耐心剔去他的所有瑕點。

對別人缺乏耐心，常常是自己缺乏愛心的表現，相信一個人，就要拿出自己的愛心來，幫助他，鼓勵他，為他打造愛心的動力。

這不是一個容易完成的過程，但是只要你努力，終究會有所收穫有所回報。

落在後面的靈魂

有一個人到非洲去打獵，他僱了土著扛行李。

頭三天，土著很愉快地扛著行李前進；到了第四天，土著們拒絕再往前走。那人便問土著為什麼？

為首的說他們並非偷懶：「三天來，我們在森林中疾走。今天，我們必須停下來等我們的靈魂趕上身體。」

☑

現代都市中的人們終日忙個不停，他們沒有片刻閒暇，沒有一絲安寧，他們從不停下來好讓靈魂趕上他們的身體。事實上，我們每個人都需要休息。

物慾的誘惑

有一隻母老鼠，不小心掉進了一個半滿的米缸裡。這飛來的口福，牠自然不會放過。但餓慌了的牠，仍是警覺性十分的高。牠想起上一回自己的三個孩子，就因為貪吃洞口外的玉米而斃了命。剛從悲哀裡緩過神來的牠，這回多了一個警惕。

牠先用舌頭舔一舔表層的米粒，幾個鐘頭後，發現自己依然口不乾、舌不燒、頭不疼，沒有肚子痛的反應，牠便覺得是自己多慮了。接下來自然就是飽餐一頓，吃完後倒頭便睡。

牠貪戀著這樣的日子，有白米可吃，無憂無慮的活著，這段日子牠過的豐衣足食。有時，牠也想應該要離開了，但，一想到有這麼多美好的白米，口水便不自主的從嘴裡滴了出來，牠便想：「過幾天再離開吧！」。而日子，就在好幾個「過幾天」中過去了。有一天，牠突然發現米缸見底了，牠才突然警覺到——牠再也離不開了。

對這隻老鼠而言，這大半缸米，是上帝在牠生命途中，所放置的一塊試金石。如果老鼠想全部據為己有，其代價就是牠的生命。

我們試著從另一個情節去想；如果這缸米旁邊，有「黏鼠板」、「毒白米」之類的明顯警示，或許，這結果會明顯不同。

由此，我們可以得到一些啟示：我們往往只注意到明顯的危險；殊不知暗藏危機的蜜糖，才是真正足以致命的陷阱。

☑

在現實生活中，大多數的人都可以控制自己遠離那些明顯的危險。而一旦眼前有著誘人的物慾，許多人就沉溺其中，不能自拔了。

放下你的心機

自家房子的後面有一棵葡萄樹，幾年來一直半死不活的。不料，去年卻像煥發了青春，枝葉茂盛，還結了許多葡萄。我很高興，就摘一些送給別人嘗嘗，讓他們分享一下這份喜悅的心情。

我送給巷口的老闆。老闆用兩個手指掐了一顆，小心地送進嘴裡，一吃忙說好吃，頻頻問我多少錢一斤？我說不要錢，他不願意，堅持要付錢。無奈，我只好收下了他的錢。

我把葡萄送給上司。他接過我的葡萄後，面無表情地注視著我。然後狐疑地問：「你有什麼事要拜託我嗎？」我趕緊告訴他沒事，只是想請對方嘗嘗這些老樹結的葡萄。

我把葡萄送給一對剛搬來的新婚夫妻。太太有些意外，他的丈夫卻一臉的警惕。

後來，我把葡萄送給一個路過的老人。他開心地吃了一顆後，摸摸白鬍子說了句不錯，向我謝謝後，就頭也不回地走了。

我很高興，我終於找到了一個人，一個真正在吃我送的葡萄的人。

放下你的心機

☑ 一件很簡單的事，人們偏偏把它想得很複雜。什麼事都要找個理由，可是有這必要嗎？

真正懂得生活的人，只是單純的過自己想要的生活，不必加入太多的雜質，這樣才能品嘗出生活真正的味道來。

捨棄

一個青年在山裡割草，被毒蛇咬傷了腳。青年疼痛不已，而醫院卻在山腳下。這青年毫不猶豫地用鐮刀割斷受傷的腳趾，然後，忍著巨痛艱難地走到醫院。雖然缺少了一個腳趾，但青年以短暫的疼痛保住了自己的生命。

有一個人到一家餐館應徵。老闆問了一個問題：在許多人的餐廳裡，如果你發現手上的托盤不穩即將跌落時，你該怎麼辦？許多應徵者的回答，老闆都不甚滿意。這個人回答道：「如果四周都是客人，我會盡全力把托盤倒向自己。」最後，老闆錄取了這個人。

青年果斷地捨棄腳趾，以短痛換取了生命；服務員果斷地把即將傾倒的托盤投向自己，保護了顧客不受傷。在某個特定的時刻，你只有敢於捨棄，才有機會獲取更長遠的利益。即使遭受難以避免的挫折，你也要選擇最佳的失敗方式。

☑ 成敗往往蘊含於取捨之間。不少人看似素質很高，但他們因為難以捨棄眼前的蠅頭小利，而忽視了更長遠的目標。

成功者有時僅僅在於抓住了一、兩次被別人忽視了的機遇。而機遇的獲取，關鍵在於你是否能夠在人生道路上果敢的取捨。

享受成功

有一個建築師，他蓋過不少出名的大樓，但他卻沒有任何成就感。相反的，他恨他自己，有時甚至想從建築工地的高樓上跳下去一死了之。

他的妻子為了幫助他，於是帶他去求助心理醫師。醫生詢問他過去的生活，想要從中尋找一些蛛絲馬跡。

他說，他這一生總有擺脫不了的煩惱。他慢慢回憶著——

小學時，老師說他太笨，他忘不了那句話。從那以後，他一直很討厭上學，從此成績一落千丈，好幾門功課不及格，老師更是在課堂上罵他不用功，最後他終於逃學了。從此，他認為自己就是個失敗者。

在失學的日子，他去建築工地學習，遇到了好幾名貴人，教授他建築的技術。他因而漸漸在業界嶄露頭角。在這段期間，他也娶妻生子。但他自卑的心理，卻沒有獲得改善。

醫生聽完他敘述說：「你應該這樣告訴自己；雖然你失敗過，但你也獲得了成功。難道你不能擁有失敗嗎？每個人都會失敗，不是只有你，你應該看到自己的成功，擺脫過去，看一看自己已經取得的成就。

這些年來，你工作穩定，許多有名的商業大樓，都是經過你的手。你順利的結

婚，有一個良善且愛你的妻子，她也為你生下了健康、可愛的孩子。你用自己的辛勤勞動支持他們，看到他們的成長，你想這不是成功又是什麼？」

他臉上掠過一絲驚異的笑容：「我從來沒想過這些。」

「別再依依不捨那些失敗。」這位醫生說：「你已經成功了，想想這些成功吧！這樣，你就會知道什麼叫享受，你就會笑得更多。」

☑ 值得人們追尋的東西太多，因此被人們忽略的東西也太多。

當理想與現實的存在有差距的時候，不如回過頭去，看一看走過的路。你那深深的足跡，證明了你並不是只在原地踏步。

取得信任

一位年輕人走過一條偏僻的路，他聽見了一陣微弱的喘息聲來自旁邊的橋底。當他走近橋邊，看見了令人哀憐的一幕。原來是一隻約兩個月大的小狗，躺在泥濘的河床上，牠頭上有一道裂痕，且被污泥遮蓋著。牠的前腿腫起，顯然受了很重的傷。

年輕人立刻動了惻隱之心，要幫助那小狗。可是當他走上前時，小狗立刻停止哀叫，張牙露齒地對他咆哮。

年輕人沒有放棄，他坐下來，開始溫柔地跟小狗談話。過了好一會，小狗終於停止咆哮，年輕人慢慢地，替牠解開綁在腿上的細繩；並把小狗帶回家，照料牠的傷口，給牠食物、水和溫暖的床。

但，盡管如此，每當他接近小狗時，小狗仍露齒咆哮。

不過年輕人沒有因此放棄。數星期之後，年輕人仍然照顧著小狗。終於有一天，當他再次接近小狗時，牠開始搖動牠的尾巴。

年輕人持續的愛與溫柔，終於贏得了信任。

Make a
Decision

取得信任

☑ 動物尚且知道需要關愛並且給以回報，何況人類呢？

面對一種敵意或者冷漠，不要簡單地一走了之，試著把你的真心拿出來，相信遲早你會得到回報的。

Nothing
is
impossible!

老鞋匠

他是個上了年紀的鞋匠，鋪子就開在巷底的一間不起眼的小房子裡。鄰近的住戶都知道他有著好手藝。

我拿一雙鞋子去請他修補，他先是對我說：「我沒空。拿去給大街上的那個傢伙吧！他會立刻替你修好。」

「不，」我回答說：「請您幫我修吧！這雙鞋子可是我父親送我的，對我來說是有意義的，可馬虎不得！」

鞋匠口中的「那個傢伙」，其實是那種替人即刻釘鞋跟、配鑰匙的人。我並不想將這雙鞋子，交給這樣的工作者，擔心鞋子未受「禮遇」。

那鞋匠見我堅持不去，於是笑了起來。

他把雙手放在藍布圍裙上擦了一擦，看了看我的鞋子，然後叫我用粉筆在一隻鞋底上寫下自己的名字，就說：「你一個星期後再來拿。」

我向他道謝，正準備轉身離去時，他從架子上拿下一隻極好的軟皮靴子，很得意、但卻也有點感傷地對我說：「你知道我的本領嗎？我相信，現在台北有這樣好手藝的，真的沒幾個了。」

我出了店門，走上大街，覺得自己剛剛好像走進了一條時光長廊；彷彿中看到

Make a
Decision

老鞋匠

一個年輕學藝的工匠——奇特的口音不知來自何處，他努力學習著製鞋的技藝，而他也對自己的技藝深感自豪，更因此而顯得高貴。

☑

一個人能夠正視自己，內心充滿平和，他的行為就不會虛偽。每個人都能正視自己的位置，他就會成為自己的國王。

Nothing
is
impossible!

完美的弓

有一個人他擁有一張非常出色的弓，那是一張用黑檀木製成的弓。

他用這張弓射箭又遠又準，因此非常珍惜它。

有一次，他將那把弓拿出來擦拭，並仔細觀察它。不禁感嘆地說：「你稍微顯得笨重，外觀也毫不出色，真可惜。」

不過，他又突然想起了什麼，說：「不過這是可以補救的。」

他思忖：「我去請最優秀的藝術家在弓上雕一些圖畫。」

他於是去找一位藝術家，請他在弓上雕了一幅完整的行獵圖。

他心想：「還有什麼比一幅行獵圖，更適合這張弓呢？」

這個人回家後，充滿了喜悅，他等不及要試試他心愛的弓。

「你終於變得完美了，我親愛的弓！」

一面說著，他便拉緊了弓準備要射箭。而弓，應聲而斷。

Make a
Decision

完美的弓

☑ 每做一件事都要求完美無缺，你會因心理負擔增加而不快樂，各種不幸皆可由追求完美所導致。

世界上沒有任何事物是十全十美的，那麼又何必凡事苛求，徒令自己成為那張完美的弓呢？

Nothing
is
impossible !

不必理會

有一個人問蘇格拉底：「您可曾聽說……」

「且慢，朋友。」這位哲人立即打斷他的話：「你能否確定你要告訴我的話，全部都是真的？」

「這我可不能保證，我只是聽別人說的。」

「那你要說的事，是不是一件好事呢？」

「不，恰恰相反。」

「噢，那麼也許我有知道的必要，以便防止貽害他人。」

「嗯，那倒也不是……」

「那麼，算啦！」蘇格拉底拍拍手掌，翻開面前的書本。「你真的不必講給我聽了，而且我勸你最好把這件事徹底忘掉。」

☑

是啊，人生中有那麼多有價值的事情，我們哪裡有閒功夫去理會這些既不真又不好，而且沒有必要知道的事情呢？

敞開心胸接受別人的批評

羅伯特·赫金斯半工半讀的完成耶魯大學的學業。他做過伐木工人、家庭教師、服務生和賣成衣的推銷員。多年後，在他三十歲的那年，他被任命為美國高等學府——芝加哥大學的校長。

當時，他遭到了學術界及新聞界一致的批評與反對。批評聲浪連番而來，都說他太年輕了、經驗不夠、教育觀念不成熟會有所偏差……等等。羅伯特·赫金斯和他的家人對這樣的批評並不在意。

就在羅伯特·赫金斯就任的那一天，有一個朋友對他的父親說：「今天早上我看見報上的社論，又有攻擊你兒子的言論，我真替你感到氣憤。」

羅伯特·赫金斯的父親很平靜回答：「不錯，話是說得很兇、很刻薄。可是，從來沒有人會踢一隻死了的狗。」

☑

批評與指責也只不過是外在的形式而已，攻擊者大都出於一種嫉妒的心理；這也證明被攻擊者具備了一些優秀、很難令人超越的才能。

快樂是人應該有的天性，尤其是成功者更應具備。偶爾的批評與指責不會也不應該使你丟掉快樂，不公正的批評有時是一種偽裝過的恭維，與成功是無害的。

找尋真正的自我

著名的喜劇演員卓別林，不僅是一個成功者，最重要的是，他堅持自己的個性及優勢，保持自我的本色。

在卓別林剛開始踏入影壇的時候，有一些電影導演都勸他去學當時德國的一位著名的喜劇演員。他們認為，如果能得到他的一些傳授，他的演藝生涯會有一個很好的開端。

這些意見使卓別林很生氣。他從小個性就比較好強，不願意追隨別人，而且他又具備喜劇演員的天賦，於是他決定放棄這些人的意見，毅然追尋屬於自己的表演風格。事實勝於雄辯，卓別林創造出一套自己的表演方法之後，逐漸得到了導演及觀眾們的認可，他也感到一種莫大的歡樂。

後來卓別林回憶說：「如果在那時讓我去刻意模仿誰，那無異是殺了我。因為我的本性根本不在於模仿，而在於創新。更何況違背自我，將喪失我無限的樂趣，我怎麼會願意做呢？」

卓別林就這樣找到了表演中的自我，取得了事業的成功。

Make a
Decision

找尋真正的自我

☑ 一個人最可悲的就是盲目地追隨別人，這樣一來，喪失的不只是自我，而是人類快樂的天性。

人應該按照自己本來的方式來做事。排除外來因素的干擾，尋找自我，保持本色，這樣，快樂也將伴隨你。

Nothing
is
impossible!

生命的奇蹟

一位高齡的富翁，病得很嚴重之際，他憂慮地想，自己就快要死了。身邊的婢女天天照顧他吃藥，但這位富翁仍覺得他的生命即將結束，眼前一片虛無，茫茫然似乎不知自己身在何處。

一天，突有一位隱士來訪，他看到富翁的情況，便告訴他：「如果名字一直被復誦，就可以長命百歲！」這富翁突然發現自己的名字已「消失」很久了。

平常因為尊卑的緣故，年輕時大家叫他「少爺」，年紀及長，大家則稱呼他「老爺」，沒有人敢直叫他的名諱。

這時，當他憶起自己的名字叫「梁琪」時，突然一陣激動、熱淚滂沱，他彷彿觸摸到真正的自己。於是，富翁請來六個僕人，在他的房門外，日夜不停地輪流呼喚著他的名字：梁琪、梁琪、梁琪……

漸漸地，他的身體竟然真的開始好轉，身體也逐漸康復，生命彷彿獲得重生。

☑ 世間有許多誘惑：金錢、權勢、名利，但那都是身外之物，只有生命最真。

告訴自己：我可以

俊雄從小就長的比同年齡的男孩要矮小，體力也明顯比較差。母親便告訴他：「兒子，你必須要更加努力；既然你的體能狀況如此，你只有靠智力去贏別人。」

可是俊雄的家境並不好，無力供應他上大學，俊雄便利用下課及寒暑假之餘，努力打工賺取學費。

俊雄並沒有辜負父母對他的期望，他不僅如願上了大學，並且在學校成績都是名列前茅。畢業後，他靠著自己的專業，考取了許多證照，他也受聘擔任起稱職的理財投資經理人。他的專業及獨到的眼光，受到許多顧客的好評。

在努力工作後的某年校慶上，學校校友會邀請他回學校演講，講題是：當個專業的經理人。

他興奮的站在講台上，望著台下一張張引頸期盼的臉龐；他的第一句話便是：「我一直相信，我做的到。」

告訴自己：我可以

☑

你也許不會做到最好，但你一定會做到更好。

有些天生缺陷或處於劣質處境的人，往往會產生羞怯、自卑，甚至因而自暴自棄。但只要鼓起勇氣，面對未來，告訴自己：「一定做的到！」「一定可以做好！」你將會生起的無比信心，進而做出一番成績。

把批評當成是進步的原動力

當林肯還是個年輕律師時，初到芝加哥來發展，當時無人理會他。在芝加哥，那些年長有名的律師，都認為和一個外來的晚輩律師在一起會降低他們的身分。這些人自認為地位高，除自己以外看不起任何人。他們把林肯完全放在一邊——無論去什麼地方都不請他一同前往，也不和他一起吃飯。

林肯面對這種情況，並沒有特別感覺難堪，也並不特別放在心上。

後來他講到這段經歷時說：「我到芝加哥後，才曉得自己所懂得的是多麼的淺薄，而我要學習的又是多麼的多。」

別人的輕視在林肯看來並不是嘲諷，而是一種激勵，促使他改進。後來他升到了很高的地位，而那些輕視他的人還是沒有什麼長進。

等他了美國總統，那些律師還是留在原位。他們的輕視不過是替林肯預備了一個梯子，讓林肯爬到榮譽的頂端，林肯的成功，證明了林肯是位進取心極強的人，而且他善於吸收各種諷刺、嘲笑中的養分。

把批評當成是進步的原動力

☑ 一個成功者要學會接受別人的輕視與批評指責。遭受別人戲弄，也許是自己接受考驗的前奏。批評你的人或許存心不良，但是其批評的事實卻可能是真實的。他或許是想傷害你，但是如果他的批評能使你改進，對你反而更有益。你如果因他的批評而喪氣，那就中了他的詭計。

自助者天助

有一家工廠由於經營不善、績效不好，正瀕臨倒閉。全廠上下意見不一，有人認為應該向日本姊妹廠求援。也有人認為應該把力量建立在自己的基礎上。最後，工廠負責人決定採取一些措施，並且放棄向日本姊妹廠求助。

首先，他把員工邀請來，誠心地與他們交談，聽聽他們的意見，並且贈送每個員工一台小型收音機。然後對員工說：「你們看看，這麼髒亂的環境裡怎麼從事生產呢？」

於是召集大家一齊動手，清掃、粉刷了廠房，使工廠的面貌為之一新。

其次，他一一拜訪每個員工的家庭，向每個員工的家人道謝，並祈求原諒——接下來的日子將會非常辛苦，要與工廠一起奮鬥、努力。

此舉不僅讓員工對工廠起了更大的向心力，也讓員工的家人瞭解他們在工廠所受到的重視。

之後，工廠不僅不減少人手，反而多僱請一些年輕力壯的人，並且還把以前被解僱的老員工也全部召回，用意是要借重他們之前的智慧，並結合肯努力的年輕人，為工廠展開新的一頁。

不出幾年，這家工廠經過終於重振旗鼓，再一次在市場上佔有一席之地。

自助者天助

☑ 當人自立自助時，就開始走上了成功的旅途。拋棄依賴之日，就是發展自己潛在力量之時。外界的扶助，有時也許是一種幸福，但更多的時候，情況恰恰相反。只有依靠自己的力量，才是長久之計。

沒有永遠領先的危機意識

派克製筆公司是全球知名企業。在一九四五年，派克製筆公司在十四個國家設有子公司，世界上有一百二十家經銷店和專營經銷商，它曾經寫下輝煌的一頁。

但是，從一九八〇年起，派克公司連年虧損，沒幾年光景，虧損額已高達五佰萬美元；最後仍逃不過被併購的命運。

當時，派克公司有許多競爭對手，他們紛紛針對美國市場進行生產、行銷策略調整。而此時派克公司不僅沒有警覺，還一直沉醉在領先的喜悅中。

高層領導者對於這種市場的變化，不但沒有及時發現，更無法做出正確決策，僅僅處於一種自我滿足的封閉狀態。如此一來，派克公司的失敗當然是不可避免的了。

☑ 在成功的時候，沒有憂患意識，沒有縱觀全局的觀念，沒有預測危險的能力，那麼，失敗將是不可避免的。

安貧樂道真風骨

吳敬梓出生在一個地主家庭，家境頗富裕。他十四歲便「讀書才過目，輒能背誦」，二十三歲父親死後，家道中落，雖然考取了秀才，但無心仕途。他輕視錢財，又樂於助人，其家業根本經不起他「傾酒歡呼窮日夜」。不到十年，他便把老家的田園產業賣個精光，然後遷居南京，過起客居他鄉的生活來。

他的文才很好，但由於看不慣官場仕途的虛偽和腐化，他決定不去報考進士，只是讀書、寫作自娛，他的生活越來越貧困，常常無米下鍋。可是，這對於他來說並不算什麼。乾隆皇帝「南巡」，大家都去「睹天子的神儀」，以至「萬巷人空」，唯獨他卻「企腳高臥向栩床」，顯示了對權貴的蔑視。

他投入到了自己的文學創作當中，得到了莫大的快慰，他把官場的勢利、虛偽寫進小說，經過長期飽嘗窮困潦倒的生活之苦，才使《儒林外史》顯得更為生動、深刻，這部巨著的完成使其得超越金錢以外的，精神上的自由與滿足。

☑ 每個人選擇的生活方式不同，要很清楚的知道自己要的是什麼？追求的是什麼？有些成就並不能用金錢來衡量。所以，在評價別人時不妨少一些功利色彩。

愚昧的牛

主人從牛欄中拉出一頭牛，要去磨石磨。牛對於這個單調枯燥的工作，非常不情願，在石磨邊總是走走停停。這讓主人很著急，千方百計就是要牛去拉石磨。一開始用鮮草，後來改用飼料，可是無論主人用盡什麼方法，甚至用鞭子抽打，牛兒還是提不起勁！

後來主人想到了一個辦法。他先用一塊布蒙住了牛的眼睛，然後帶著牛在外面繞了幾圈後，再帶回石磨邊。效果奇佳，牛很有勁地拉著石磨，一點都沒有懈怠。

傍晚，牛被牽回牛欄。另一頭牛看牠渾身疲憊，驚奇地問：「大哥，你到哪兒去了？」這頭牛神祕地說：「老弟，今天我做了一項非常重要的工作，主人讓我去了一個很遠很遠的地方為他工作，而且以前只有馬才能到達，而且這工作對主人非常重要。主人對我的工作表現非常滿意，一路上讚聲不絕。」

第二天，主人又把這頭牛拉出去。這頭牛搖頭擺尾，無比地自豪。於是牠又被蒙上眼睛，一圈圈地在石磨邊拉著。

☑ 對於愚昧者來說，被人蒙上眼睛要比睜開眼睛走路開心得多，因為他們總是愛逃避現實，而太相信幻覺。

光亮與陰影

當夏日的陽光照射著你時，你的身體就會非常光亮；可是那時，你的身影也會隨之變得黑暗。

冬季，在沒有日光的陰雲下，或許沒有黑暗的暗影，但，你整個人會變得相對模糊，灰濛濛的沒有生氣。

一個事業有成的人，當你的成績越大時，社會投在你身上的光環也就越明亮。而這時，你的陰影當然也就越強烈。陰影是指那些妒忌你、罵你的人、懷恨你擋了道的人。當你成功時，議論你、非議你的人，也就相對地多了起來。

一個一事無成的人，不會受到他人的注目，是很少有這些社會的強光照射，當然也就沒有那麼多的妒忌與誹謗。這樣的人，在人群裡的確也是模糊不清的那種。

☑ 在你取得好成績時，不要抱怨他人對你的攻擊，更不要在乎小人對你的指責。那只是籠罩在你光環下的一道暗影。

生命的規劃

宇宙無限，生命有限，我們來到這個世界上，生命無論對誰都只有行使一次的權利，沒有來生，沒有轉世，沒有輪迴，多麼彌足珍貴的生命啊！

「子在川上曰：逝者如斯夫，不捨晝夜。」

「對酒當歌，人生幾何。」

生命的過程原來就是時光流動。

生命又是簡單的、短促的；李白有詩云：「君不見黃河之水天上來，奔流到海不復回。君不見高堂明鏡悲白髮，朝如青絲暮成雪」，大文豪蘇東坡則吟詠出：「寄蜉蝣於天地，渺滄海之一粟。哀吾生之須臾，羨長江之無窮。」的感嘆。

如何用這有限的生命作出更多的事情呢？那就需要我們運籌分秒，積極把握時日，對生命進行規劃。

聚沙成塔，集腋成裘；機遇總是垂青對它有準備的人。

一七一九年笛福寫下了膾炙人口的「魯濱遜漂流記」近三百年來，在文學史上佔有一席之地，最主要的原因就在於即使主角身處厄境，仍然熱愛生命，縱使面對困難，也勇於挑戰，他樂觀自信、積極進取的精神再再地激勵著人們。

☑ 人生會經受許多痛苦或挫折，然而痛苦挫折本身並不是壞事，百煉成鋼，琢玉成器，誰能否認它們對人的磨煉呢？

一鳥一天堂，一花一世界，熱愛生命吧，只要你規劃好生命，你就是自己生命的主宰。

信心賦與新生命

有一位老人，他被診斷出患了癌症，醫生預估他的生命最多還有兩年。面對癌症，老人始終保持著一種樂觀向上的情緒，不管病情發生多大變化，他從不氣餒和頹廢。在積極配合醫護人員治療的同時，他還積極參加自己體力所能負荷的體育活動。就這樣，他平安度過了十個春秋。

朋友問他，是什麼神奇的力量支撐著他活了這麼多年？老人笑著說：「是信心，幾乎每天早晨，我都對自己說，我不會倒下去，我還有許多事情要做，我一定能把病治好。」

唐代著名詩人白居易在四十多歲時突患重病，一時間頭髮皓白，牙齒脫落，身體十分虛弱。然而，他並沒有被疾病嚇倒，而是抱著一種戰勝病魔的勇氣和信心，以樂觀的態度對待人生。

有位詩人說，信心是半個生命，淡漠是半個死亡。老年人能否健康長壽，因素固然有許多，但信心是重要的一條。有健康的精神，才有健康的身體。靠堅強的信心，就能祛病健身，就能健康長壽。

信心是精神支柱，一個人只要精神不倒，就能頑強地活下去，戰鬥下去。從這個意義上說，信心不僅是半個生命，而且是整個生命。

信心賦與新生命

人到老年，由於經歷了幾十年的淒風苦雨，身染疾病者總有十之八九。然而，生命或許很脆弱，但是有了信心，生命就能強韌起來；生命極易萎縮，但是有了信心，生命就能挺拔和旺盛。

☑

人活著離不開信心。對於養生來說，信心是一劑驅逐百病的靈丹妙藥。

現代醫學證明，如果一個人的自信心十分堅定而持久，就可以提高抵抗疾病的能力。疾病，尤其是比較嚴重或久治不癒的疾病，不僅折磨著人的肉體，而且同時也摧殘著人的精神。因此，在疾病面前，意志薄弱者往往喪失信心，因此被疾病擊垮，促使病情惡化。

信心所給予生命的，不只是一種依託，一種憑藉，一種支援，信心給予生命的，是永遠的堅強和力量。

挖掘自己最大的潛能

一個人到了山窮水盡的時候，改變自己是可以理解的；難的是當你已經在某一方面達到了一定的程度，這時候還要做出新的選擇，一切重新來過。但不改變自己，就無法知道自己究竟有多大的潛力，就不能實現對自己的再創造。

有一對好朋友，他們從小一起學習戲曲，甚至上了大學，也向同一個老師學習。老師頗為得意，有這麼兩位有才華的學生，並斷言：她們將來一定會有不凡的成就。畢業後，兩人開始表演的生涯，兩人努力地表演，而且發揮創意，在一段時間後，都建立了一定的知名度。

就在這個時候，兩人同時面臨了婚姻及深造的選擇；其中一個貪戀著現有的成就與沉浸著的幸福，她決定留在國內繼續表演。另一個則感到自己所學的不足，在徵得另一半的同意下，毅然負笈國外繼續進修表演課程。

過了許多年，那個出國進修的女孩光榮返國，並且在國家劇院發表她的劇作；當時的情人拿著玫瑰花及戒指，當眾向她求婚，他們舉辦了一場盛大的婚禮。

而另一個留在國內的女孩，在好朋友出國進修不久後，她隨即結婚，進入幸福的家庭生活。但，她有了幸福的家庭後，她對藝術戲曲不再那麼執著，不再敢於尋求突破，而是得過且過。她就這樣慢慢沉寂了，眼睜睜看著一個個年輕人超越了自己，那些曾有的才華好像從未在她身上出現過。

☑

不改變自己就無法知道自己究竟有多大的潛力，就不能實現對自己的再創造。生活中有許多人並不缺乏做大事的才華，但他們害怕失敗，不敢嘗試新的東西，害怕失去到手的舒適安逸，結果生命就這樣萎縮了。

沒有人不嚮往生命的輝煌，然而輝煌者與平庸者的最大區別，就在於是否能發掘出自己的潛能，在於是否有勇氣尋找那個「最大的自己」。

一個不斷突破自己的失敗者，比一個保守的成功者更值得我們尊敬。

相信自己

有一個書生要進京趕考，臨行前做了個夢，他不知道這個夢吉凶如何，於是去向一個解夢大師請教。

書生匆匆地來到這位解夢大師家中，大師正好出門，只有他的女兒在家。一聽說書生是來解夢的，她就自告奮勇，要書生把夢中所見講給她聽。

於是書生便告訴她夢中所見到的東西：首先見到一株草生長在牆上。她不假思索地說：「你這人根底淺，恐怕無深耕機會。」

書生一聽心中大是難過，繼續說：後來下起傾盆大雨，夢見自己穿著斗笠又撐著一把傘。那姑娘臉色凝重地說：「穿了斗笠還拿著雨傘，這不是多此一舉嗎？」

書生一聽更加垂頭喪氣，覺得此次趕考必定名落孫山。但書生還是繼續說完自己的夢境：最後夢見自己與心愛的姑娘背對著背睡在同一張床上。

那姑娘一聽，直叫不妙：「這不是背運嗎？你根本不得其門而入，我看你這次進京趕考，肯定是白費心機，沒什麼希望了！」

書生沮喪地走回家去，走到半路上，正好遇上解夢大師。書生難過的向大師訴說剛剛的事。大師聽完哈哈大笑，高興的對他說：「大吉大利，大吉大利呀！」

書生驚訝地問大師：「怎麼說呢？」

相信自己

大師說：「首先是牆頭草高高在上，意味著高人一等，出人頭地啊！接下來，既穿斗笠又撐傘，這代表著冠上加冠，也就是加官進爵；與意中女子背向而臥，則代表著，該是翻身的時候了。你此次赴京趕考，必中必中！」

書生大喜過望，連謝大師。但轉而大惑不解：「小姐那麼說，大師這麼說，叫我究竟信誰？」

大師莫測高深地向他笑笑：「到底信誰？問得好！你這個夢，如果問其他人，或許還會不同的解法，重點在於你到底信誰？」

☑

相信自己！用一個樂觀、積極的想法，去看待身邊的每件事。

每個人都應該去發掘自己內在的天賦，去發揮生命的潛能。千萬別讓人左右了我們的思想，一旦立定目標，就該全力以赴。

成功沒有想像的難

一九六五年，一位韓國留學生在英國康橋大學主修心理學。他常到學校的咖啡廳或廣場聽一些成功人士聊天，這些成功人士包括諾貝爾獎得主、某一領域的學術權威和一些創造了經濟神話的人。

這些人幽默風趣，舉重若輕，把自己的成功都看得非常自然和順理成章。時間長了，他發現，在國內時，他被一些成功人士欺騙了。那些人為了讓正在創業的人知難而退，普遍把自己的創業艱辛誇大了，也就是說，他們在用自己的成功經歷，嚇唬那些還沒有取得成功的人。

身為心理學系的學生，他認為很有必要對韓國成功人士的心態進行深究。一九七〇年，他將「成功不像你想像的那麼難」畢業論文，提交給現代經濟心理學的創始人威爾．布雷登教授。布雷登教授讀後，大為驚喜，他認為這是一個新發現，這種現象雖然在東方，甚至在世界各地都普遍存在，但還沒有一個人能大膽地提出來進行研究。

驚喜之餘，他寫信給他的康橋校友——當時是韓國政壇第一把交椅的朴正熙。他在信中說，我不敢說這部著作對你有多大的幫助，但我敢肯定它比你的任何一個政令都能引起震動。後來，這部書果然伴隨著韓國的經濟一起成長、起飛了。

成功沒有想像的難

這本書鼓舞了許多人，因為他從一個新的角度告訴人們，成功與「苦其心志，勞其筋骨，餓其體膚，空乏其身」、「三更燈火五更雞」、「頭懸梁，錐刺股」沒有必然的聯繫。只要你對某一事業感興趣，長久地堅持下去都會成功，因為上帝賦予你的時間和智慧，夠你圓滿地做完一件事情。

☑

成功不易，當然也不是我們想像中的那麼難，真正的「難」就在於我們能否堅持自己的選擇。有了堅持的勇氣，你終究會成功，千萬不要被別人所說的困難嚇倒退卻。

得失之間

一個商人在翻越一座山時，遇上了一個搶劫的匪徒。商人立即逃跑，但匪徒窮追不捨。走投無路之際，商人發現旁邊有一個山洞，緊急之中他便鑽了進去，匪徒也跟著追進了這個山洞。這是個黑暗、小路盤錯的山洞。在洞的深處，商人未能逃過匪徒的追逐，他被匪徒逮住了，遭到一頓毒打，身上所有錢財，包括一把準備為夜間照明用的火把，都被匪徒搶奪過去。幸好匪徒並沒有要他的命，之後，兩個人各自尋找著洞的出口。

這黑暗的山洞極深極黑，洞中小路縱橫交錯。兩個人置身在黑暗的洞裡，像置身於一個巨大的地下迷宮。

匪徒慶幸自己從商人那裡搶來了火把，於是他將火把點著，藉著火把的亮光在洞中行走。火把給他的行走帶來了方便，他能看清腳下的石塊，能看清周圍的石壁，因而他不會碰壁，不會被石塊絆倒。但是，他走來走去，就是走不出這個洞。最後，他力竭而死。

商人失去了火把，沒有照明，他在黑暗中摸索，行走得十分艱辛，他不時碰壁，不時被石塊絆倒，跌得鼻青臉腫。但是，正因為他置身於一片黑暗之中，所以他的眼睛能夠敏銳地感受到洞口透進來的微光，他迎著這縷微光摸索爬行，最後終於逃離了山洞，順利獲救。

☑

世事大多如此，許多身處黑暗的人，跌跌撞撞，最終走向了成功；而另一些人往往被眼前的光明迷失了前進的方向，終生與成功無緣。

上帝的眷顧

一個年輕的畫家，除了理想，他一無所有。他貧窮，無錢租房，借用一家廢棄的車庫作為畫室。夜裡常聽到老鼠吱吱的叫聲。

一天夜裡，疲倦的他抬起頭，看見在昏暗的燈光下有一雙亮晶晶的小眼睛。他沒有去捕殺這隻小精靈，磨難已使他具有藝術家悲天憫物的情懷，甚至建立了友誼。

不久後，畫家被介紹到好萊塢去製作一部卡通片。然而他再次失敗，窮得身無分文。

多少個不眠之夜他在黑暗中苦苦思索，甚至開始懷疑自己的天賦。突然，他想起了那亮晶晶的小眼睛，靈感就在黑暗裡閃現了。他創造了全世界兒童所喜愛的卡通人物——米老鼠。這位畫家就是美國最負盛名的人物——華德．迪士尼。

上帝給他的並不多，只給他一隻老鼠，然而他「抓」住了。對迪士尼來說，這小老鼠價值連城。

☑ 的確，現實生活中的一些機遇，是要用心去發現的。如果忽視了它，這種機遇對你來說，可能就毫無意義。

生命的價值無限

從小生長在孤兒院中的阿寶，常常悲觀地問院長：「像我這樣沒有人要的孩子，活著究竟有什麼意思呢？」

「父母拋棄了我，上帝為什麼還要我繼續受苦？」院長總笑而不答。

在阿寶的成長過程中，院長發現阿寶很有文字方面的天賦，記憶力也特別好，許多讀過的文章及書，總是能很快就熟記其中的內容。院長便很鼓勵阿寶朝寫作方面發展。

阿寶受到院長的鼓舞，他常常會寫些文章投稿到報社，從一開始的見報率不到三成，到後來幾乎每投必中。此舉，也讓報社的總編輯注意到阿寶的文章，便邀請他固定為報社寫專欄。

有一年阿寶的生日，院長送了他一個禮物，裡面有一張小卡片，上面寫著：「只要自己看重自己、自我珍惜，生命就有意義、有價值。」

Make a
Decision

生命的價值無限

☑ 不要因為你處於不利的環境而放棄了追求理想，人人都是生而平等的，不論你身處何處，你都是獨一無二的。相信你自己，相信生活，相信大自然，生活是會給我們每一個人一個平等的機會。珍惜我們現在擁有的一切，用我們的信心和毅力去開拓未來，開拓希望，開拓美好的新生活。

Nothing
is
impossible !

尊重自己

一名享有盛名的電影明星將車開到保養廠，一個女技工接待他。她熟練靈巧的雙手和美麗的容貌一下子吸引了他。他感到驚訝！他所到之處，所造成的轟動，真的可以用「萬人空巷」來形容，沒有人不知道他。但這位小姐卻好像完全不認得他，一點都沒有驚異和興奮的神情。

「您喜歡看電影嗎？」他忍不住問道。

「當然喜歡，我是個電影迷。」

她手腳俐落，很快修好了車：「您可以開走了，先生。」

他卻依依不捨：「小姐，您可以陪我去兜兜風嗎？」

「不！我還有工作。」

「這同樣也是您的工作，您修的車，最好親自檢查一下。」

「好吧，是您開還是我開？」

「當然我開，是我邀請您的嘛。」

於是，女技工便跟著這名影星駕車出去。車子的狀況看來很好，駕駛得非常平穩，也沒有多餘的聲響。

女技工這時便說：「看來這輛車子沒有什麼問題了，請開回車廠讓我下車好

嗎？」

「您不想再多陪我一下嗎？我再問您一遍，您喜歡看電影嗎？」

「我回答過了，喜歡，而且是個電影迷。」

「那您不認識我？」影星疑惑地問。

「怎麼不認識，您一進來我就認出您了。」女技工淡然地說。

「既然如此，您為何對我如此冷淡？」影星更不解的問。

「不！您錯了，我沒有冷淡。只是沒有像別人那樣地狂熱。您有您的成就，我有我的工作。您來修車是我的顧客，如果您今天不是明星而來修車，我也是相同地接待您。人與人之間不應該就是這樣嗎？」

他沉默了。在這個普通的女技工面前，他感到自己的淺薄與妄大。

「小姐，謝謝！您讓我想到，應該認真反省一下自己的價值觀。現在就讓我送您回去。」

尊重自己

☑ 人們自己的尊嚴，是依靠自己去維護的，當我們自己放棄尊嚴時，我們沒有權利要求他人去尊重。

大人物之所以高大，是因為你自己在跪著；你仰慕他們頭上的光環，卻忽略了自己的生活與價值。站起來吧，世間所有的人是平等的。不要因為自己平凡的工作而看不起自己，只有我們自己重視自己時，別人才會真正尊重我們。

把我們的自信充實到生活的每一分鐘中，用我們的勇氣去開拓未來。

自然的趨勢

有幾個旅行者，結伴一起去海島旅行，其中還有一名生物學家。那個海島上有許多綠蠵龜，他們想實地觀察一下幼龜是怎樣離巢進入大海的。

每年五至十月為綠蠵龜的產卵季，母龜在滿潮的夜晚，會到海水不易沖刷到的沙灘旁的草地或草地邊緣產卵。孵化出來的小海龜會於夜晚成群爬出窩巢，利用光線的導引很快的爬向大海。因為夜晚海面地平線上方十分明亮，可以指引小海龜。但若有人為的光源，將會干擾小海龜，使其迷失方向，無法到達正確位置而死亡。剛孵化的幼龜，因其背甲尚未堅硬，極易受到陸上動物或食肉性鳥類的攻擊。

他們很快就發現一處大龜巢，他們便在旁邊守候著。到了晚上，突然一隻幼龜率先把頭探出巢穴，卻又欲出而止，似乎在偵察外面是否安全。正當幼龜在猶豫時，一隻海鳥突然而來，牠用尖嘴啄幼龜的頭，企圖把幼龜拉出巢穴。

旅行者們緊張地看著眼前的一幕，其中一位焦急地問生物學家：「你得想想辦法啊！」

生物學家卻若無其事地答：「叼就叼去吧，一切都應順其自然，應天而行。」

生物學家的冷淡，引來了旅行者們一片「不能見死不救」的聲浪。其中一人，不顧生物學家的反對，抱起小幼龜就把牠引向大海。

自然的趨勢

然而，緊接著發生的事卻使他們極為震驚。那人抱起幼龜不久，成群的幼龜從巢口魚貫而出；原來那隻是龜群的「偵察兵」，一旦遇到危險，牠便會返回龜巢。現在做偵察的幼龜被引向大海，巢中的幼龜得到錯誤資訊，以為外面很安全，於是爭先恐後地結伴而行。

沙灘上無遮無擋，很快引來許多海鳥的爭相叼啄，牠們確實可以飽餐一頓了。

「天啊！看我們做了些什麼！」

這時，數十隻幼龜已成了海鳥的口中之物，生物學家趕緊脫下頭上的棒球帽，迅速抓起數十隻幼龜，放進帽中，向海邊奔去，而其他旅行者，有幾個也學著他的樣子，氣喘吁吁地來回奔跑，有幾個則慌忙地趕跑那些海鳥，算是對自己過錯的一種補救吧！

看著數十隻海鳥吃得飽飽的，發出歡樂的叫聲遠去，旅行者們都低垂著頭。生物學家感歎地說：「如果不是我們人類，或許這些海龜根本就不會受到危害。」

☑ 人是萬物之靈。然而，當人自作聰明時，一切都可能走向反面。

誠實

一家加工廠專門從事娃娃的填充，老闆聘請了好幾個工人來處理填充的工作。

棉花的填充可不是件簡單的事；填充的太少固然可以節省成本，但娃娃沒有飽實感，顧客不喜歡，自然就不會購買。填充的太多，則會造成娃娃的觸感不好，小孩子根本連抱都不想抱。所以，工廠對於品管的要求是很高的。工廠採取以件計酬的方式，只有符合要求的娃娃，老闆才給予應得的工資。

在這幾個員工裡，阿郎與阿超填充出來的娃娃總是被退件最少的。他們倆也一直深受老闆的器重。後來，工廠擴大，需要增加人手，老闆希望能從阿郎與阿超中選一個出來當組長。這下子老闆就傷腦筋了，他到底該選那個呢？於是他想到一個辦法。

他向工人宣布：「因為明天急著出一批貨，你們今天做的任何娃娃，無論品質好壞，有無通過檢驗，通通都可以領錢。」

這項宣布果然造成產量大增，但相對的，不合格率也大大的提高。

老闆特地去看阿郎與阿超的成品。阿郎做出來的娃娃一如以往，品質並沒有改變，不合格率還是很少。但阿超做出來的娃娃，不合格率竟大大的提升三成。

第二天，老闆隨即宣布阿郎為新任的組長。

誠實

☑

做事不欺心，才能保持內心的安寧和生命的清澈，這樣活著，本身就是一種受益、一種愉悅。做事不欺心的人，更容易保有欣賞世界的好心情，更容易品嚐出生活的好滋味。

有備無患

有人夢想征服高山，但是如果問他：「登山者應該帶些什麼東西時。」他卻又答不上來。

實際上，如果是攀登路徑不熟的高山，即使原定一日往返，除必備的指南針，行囊中也應該包括一把小刀、一條繩索、一盒用塑膠袋包好的火柴、一點鹽巴、一塊折起來不大的透明塑膠布、一個哨子和一些乾糧。

這些東西，大多數都不是為你的進路而準備的，而是為你的退路預作準備。不論是登山，或在你人生的旅途中，「有退路」都是尋取進路的必要條件。

那把小刀，在前進時可以幫助你用來切割獵物、削竹為箭、砍木為叉；在你被蛇咬傷時，更可以用來將傷口切成十字，以吸出毒血。

那條繩索，在前進時可以幫助你攀爬；在你遇險時，可以用為營救；在編織擔架時，用為捆綁。

那盒火柴，在你前進時，可以用為烹食；在你遇難時，則可能讓你點起柴火，熬過高山寒冷的夜晚。

那塊透明的塑膠布或雨衣，在你前進時，可以用來擋雨；當你困阻在深山時，更可以使你減少地面或環境中潮冷的侵襲。甚至在缺水時，可用來收集地面蒸發的水氣，使你免於乾渴。

那塊鹽巴，在你前進時，可以用為烹調鮮美的食物；在你困厄時，則能用來消毒、補充體力，甚至幫助你吞下平時絕對難以接受的野生食物。

至於那隻哨子，在你前進時，固然可以用為招呼隊友，作為集合的訊號；在你落難而饑寒交迫，喊不出聲音時，更可能因為有這隻哨子，隔幾分鐘吹一下，而使搜救的人員找到你。

如此說來，哪一樣東西可以少呢？它們占的空間不大，卻是你登山行前絕不能疏忽，落難時可能保命的「保命符」啊！

記得旅遊時，如果是舊地重遊，不妨在既有的大道之外，再去尋訪一些小路，發掘新的風景；但，如果是到陌生的地方，則應該記住來時的道路，以便遇到困難時能夠脫身。

☑

對已知的環境，做進一步想；對未知的環境，做退一步想。

在人生的旅途上，前進固然可喜，後退也未嘗可悲，最重要的是：在前進時要知道自制，免得只能進而不能退；後退時則要知道自保，使得退卻重整之後，能夠再前行！

迷失的路途

小簡在英國留學，有一天早晨倫敦大霧瀰漫，一片灰濛濛的，要看清楚一兩公尺遠的地方都十分困難。公共汽車、計程車等大小車輛都無法行駛，被迫停在路邊。大街上，人們只好在大霧中慢慢地步行。

小簡要趕去學校，今天是教授要口試的日子，必須準時趕到那裡。他心急如焚，但，所有車輛都無法動彈，他只好摸索著往前走。但沒有多久，他就迷失在白霧迷濛的倫敦街頭，連自己身在何處都不知道。

就在這時，小簡遇到了一個熱心腸的人。對方主動介紹說自己名叫羅伯，並詢問他有何困難，需要什麼幫助？

在得知小簡有急事後，羅伯自告奮勇地替他帶路。就這樣，他們倆寸步不離地穿行在濃霧之中。雖然街上能見度很低，但羅伯卻毫不費力地走著。他領著小簡走過一條巷子，接著拐進一條大街，然後通過一個廣場，只用了半個小時就到了學校。

小簡十分高興，但弄不明白羅伯為什麼可以這麼輕車熟路。「羅伯先生，真是太感謝您了！只是，在這樣的大霧裡，您是怎樣找到路的呢？」

羅伯笑了笑回答：「再大的霧也難不倒我，我是一個盲人。」

迷失的路途

☑

的確，再大的霧也難不倒一個盲人，因為他根本看不到霧，只按他熟悉的道路走，永遠不會迷失方向。

在我們人生的方向中不也是如此嗎？許多人在眼前的迷霧裡迷失方向，因為他們所看到的只有煙霧朦朧。

思想的貧乏才是真正的貧乏

阿傑是國立大學管理系的學生，他的家庭經濟條件不算優渥，但從小父母就不讓他做粗重的工作，只讓他專心學習。久而久之，他就養成了凡事靠家裡的壞習慣，而自己對生活事務的處理能力卻一竅不通。而他這一個習慣，漸漸的讓他變得沒有自信起來。

他覺得很沮喪，也很自卑，不知道自己還能做成什麼事。他也曾經試著去做一些事情，但都不順利，因為他處理事情的能力太差了，一遇到挫折，就無法處理，甚至退縮、害怕。他整日就在消極和挫折的情緒中度過。

後來，他有一個好朋友——阿禮，不忍心看到他這個樣子，勉勵他應該有自信一點，振作一下精神。他剛開始還是有點害怕。但，阿禮一直在旁邊鼓勵他，於是他開始有了一點改變。

他開始努力去做一些工作，失敗了也不氣餒，漸漸地累積了一些工作的經驗，於是，做事也漸漸有了信心。

後來，他依據自己學校所學，給了公司老闆一些人事方面的建議，老闆對他刮目相看，漸漸地開始重用他，他也越來越感覺到，自己終於慢慢走出屬於一條自己的道路。

思想的貧乏才是真正的貧乏

☑ 世上大部分的貧窮，都是由一種病態的、不良的思想造成的。但只要樹立信心，從黑暗和沮喪的環境中回過頭來，朝著光明和愉快的方向努力，貧困就會消失，換來的將是事業的成功，幸福的喜悅。

馴馬之道

有匹馬性子非常烈，別說騎牠，想靠近都不容易。如果有誰膽敢貿然接近牠，牠不是咬就是踢，叫人不寒而慄。那些養馬人對這匹馬，可真是恨的牙癢癢的！

有一次，烈馬跌入泥潭中，怎麼都掙脫不出來，這下子那些養馬人可高興了。「淹死才好呢！」他們幸災樂禍地想著。

這時，突然有個養馬人走上前去，把烈馬從泥潭中救了出來，然後綁在旁邊的木樁上。烈日下，烈馬皮毛上的泥漿漸漸曬乾，越乾越難受，奇癢難忍。養馬人就用掃帚為烈馬清掃，再用馬梳給烈馬梳刷。烈馬頓時感到十分舒適，於是，對這個養馬人服服貼貼的。

這個養馬人就乘機給烈馬安上馬鞍，一躍上馬，在草原上風馳電掣般奔騰起來。沒多久，這匹烈馬就成為草原上最馴服，也是最出色的駿馬。

☑

對於桀驁不馴的馬，要使牠馴服，有時以硬碰硬，會得不到效果。如果，能給予牠關懷與愛護，以真誠待之，那將會收到意想不到的效果。對待人，又何嘗不是如此呢？

快樂屬於自己

下班時的捷運擠滿了人，我站在滿是人的車廂內，享受著下了班的輕鬆。站在我面前的是一對戀人，他們面對面地相擁著。那個男孩正對著我，一個很英俊的男孩，女孩則背對著我。

女孩的背影看上去很標緻，高挑、勻稱、活力四射，她的頭髮是染過的，是時下最流行的顏色，她穿著一件流行的細肩帶洋裝，露出香肩，是一個典型的都市女孩，時尚、前衛、性感。

他們靠得很近，低聲細語著。女孩手裡捧著一束鮮紅的玫瑰，看得出來，他們是一對甜蜜的戀人。

也許那個男孩很幽默；也或者其實不是，只是「情人眼裡出潘安」，只要是情人說的所有話，即使是廢話，也會感到妙趣橫生。

總之，女孩不時發出快樂的笑聲。

那女孩的笑聲，好像是在向車上的人說明：「你看，我有多麼的快樂！」笑聲引得許多人把目光投向他們，大家的目光裡似乎流露著羨慕。不，我發覺到他們的眼神裡還有驚訝，難道女孩美得讓人吃驚？我突然也有一種衝動，我想看看女孩的臉，想看看那張傾國傾城的臉上，洋溢著幸福會是一種什麼模樣。但車廂內實在太擁擠，而且女孩一直沒回頭，她的眼裡只有她的情人。

後來，他們聊到了現在正上映的電視劇，這時男孩突然說了一句：「它的主題曲很好聽。」

女孩便輕輕地哼起了那首歌，女孩的嗓音很美、很輕柔，她把那首歌曲唱的非常輕快明媚。雖然只是隨便哼哼，卻有一番特別動人的力量。我想，也只有真正幸福和有足夠自信的人，才會在人群裡肆無忌憚地唱歌吧。

這樣想來，便覺得心裡酸酸的，像我這樣從內到外都極為黯淡的人，何時才會有這樣旁若無人的歡樂歌聲？

很巧，我剛好和那對戀人在同一站下車，這讓我有機會看看女孩的臉。我的心怦怦直跳，我知道自己將看到一個絕色美人。

就在我大步趕上他們，並回過頭去觀看的時候，我整個人呆住了，我突然理解了之前車上的那些人那種驚訝的眼神。

我眼中看到的，可能是上帝心情遭透時雕鑿出來的臉；那女孩的臉明顯遭受過意外的傷害，可能是被火燒，或者被開水燙過，我有點不忍心繼續看那樣觸目驚心的疤痕。

我整個人呆楞在那，我完全無法想像，這樣的女孩居然會有那麼快樂的心境。

他們也注意到了我。或許他們已經習慣了這種驚愕的眼神，他們非常禮貌和寬容地對我抱以坦然一笑，然後相擁著經過我的面前，慢慢走離我的視線。

就在那一刻，我的心突然豁然開朗了起來，也彷彿撿拾了我遺失已久的「快樂」。

☑ 上帝是公平的，他不會把所有的好運，全安排在一個人身上。世上沒有絕對幸福的人，只有不肯快樂的心。快樂是你自己的事，只要你願意，你就可以快樂。

智者的智慧

智者廣收天下門徒，聚有百餘人。每天智者都教他們修身養性，習文練武。弟子們珍惜難得的教育機會，大多刻苦研習，虛心請教。

但，其中有一個人不服管教，成天只知道吃喝玩樂，無論誰勸他都沒用。

於是所有弟子們都非常憤怒，紛紛向智者說：「您要是仍把這個壞蛋留在這裡，我們就要集體離開了。」

幾天後，弟子們見智者並沒有趕那個人走，果然紛紛離去。

十多年後，最頑劣的弟子終於修成正果。

☑ 有一百隻羊走失了一隻，急忙到處尋找的不正是那走失的一隻，而不是其他的九十九隻嗎？智者的智慧，在於他幫助那些最需要幫助的。

智慧就是力量

眾所周知，關羽是三國時代的英雄人物，他那神出鬼沒的青龍偃月刀、千里追風的赤兔馬，為我們塑造了一個千古英雄的形象，溫酒斬華雄、過五關斬六將的故事曾使得與他同一時代的眾多英雄黯然失色。

關羽雖然被譽為忠義千秋的英雄，但他一生最後的結局卻令人扼腕嘆息，只因為他沒有遵照諸葛亮聯吳抗曹的戰略決策，最後落得敗走麥城、兵敗身死的悲慘結局。

只有武力，但缺乏智慧是非常危險的。力量只有在智慧的基礎上，才能發揮它的功用，萬萬不能憑藉武力解決一切問題。

☑

徒有力量卻缺乏同等的智慧，又有何用？力量並不能主宰一切，而是當智慧統御全局時，用來輔助智慧的。

有力量的人不要迷信自己的力量無所不能，如果缺少智慧，單純依靠力量，往往會把人引向有害的方向。

給自己信心

有一個王子，長得十分英俊，但他卻是一個駝子，他請了許多名醫來醫治自己的病，也沒有治好。這使王子非常自卑，不願意在大眾前露面。

國王見到這種情況非常著急，專程去請教國內的一個智者，智者幫他出了一個主意。

回來後，國王請了全國的雕刻家，刻了一座王子的雕像。刻出的雕像沒有駝背，後背挺得筆直，臉上充滿了自信，讓人一見就覺得風采照人。國王將此雕像豎立於王子的宮前。

當王子看到這座雕像時，他心中像被大鎚撞擊了一下，心裡產生一種強烈的震撼，竟流下淚來，國王對他說：「只要你願意，你就是這個樣子。」

後來王子時時注意著要挺直後背，幾個月後，見到的人都說：「王子的駝背比以前好多了。」

王子聽到這些話，更有信心，以後更注意時時保持後背的挺直。

有一天，奇蹟出現了，當王子站立時，他的後背是筆直的，與雕像一模一樣。

給自己信心

☑ 給自己訂定一個目標，告訴自己：「我就應該是這樣的」。堅持、再堅持，不要因一時的挫折而改變，不要因外界的干擾而猶豫，你會發現，你就是你要成為的那個人。

強與弱是相對而非絕對的

一位拳擊高手參加比賽，自負地以為自己一定可以贏得這場比賽，卻不料遇到了一個實力相當的對手。

雙方皆竭盡了全力出招攻擊，拳擊高手突然發現，自己竟然找不到對方招式中的破綻，而對方的攻擊卻往往能夠突破自己防守中的漏洞。

他氣憤地回去找他的師父，並在師父面前，一招一式地將對方和他對打的過程，再次演練給師父看，並央求師父幫他找出對方招式中的破綻。

師父笑而不語，在地上劃了一道線，要他在不擦掉這條線的情況下，設法讓這條線變短。

拳擊高手百思不得其解，最後只好放棄，轉而請教師父。

師父在原先那條線的旁邊，又劃了一道更長的線，兩者相較之下，原先的那條線看來變得短了許多。

師父開口道：「奪得冠軍的重點，不在於如何攻擊對方的弱點。正如地上的長短線一樣，只要你自己變得更強，對方正如原先的那條線一般，也就無形中變得較弱了。如何使自己更強，才是你需要苦練的。」

強與弱是相對而非絕對的

☑ 事物沒有絕對的強，也沒有絕對的弱，強者如果停滯不前，別人的努力就會讓他成為弱者。弱者如果奮發拼搏，就會比原來的強者更強。不要為地上的一條線所束縛。

兩顆種子的命運

春天到了，兩顆種子躺在肥沃的土裡，開始了對話。

第一顆種子說：「我要努力生長，我要向下扎根，還要出人頭地，讓莖葉隨風搖擺，歌頌春天的到來。我要感受春日豔陽照耀臉龐的溫暖，還要體驗晨露滴落花瓣的喜悅。」於是它拼命地吸取著水分和養料，拼命地生長著。

第二顆種子說：「我沒那麼勇敢。我若向下扎根，也許會碰到硬石；我若用力向上鑽，可能會傷到我脆弱的莖。我若長出幼芽，難保不會被蝸牛吃掉。我若開花結果，只怕小孩子看了會將我連根拔起。我還是等情況安全些再做打算吧！」於是，它繼續蜷縮在土裡。

幾天後，一隻母雞在庭院裡東啄西啄，這顆種子就進了母雞的肚子裡。

☑

種子的生命在於生根、發芽、成長，有時候，人就像一顆種子，如果不能頑強地成長，就會被埋沒於塵埃中，失去顯示自我的機會。

最後的一個希望

一場突然而至的沙塵暴，讓一位獨自穿越大漠的旅行者迷失了方向；更可怕的是，裝著乾糧和水的背包在沙塵暴中遺失了。

翻遍所有的衣袋，他只找到一個乾癟的蘋果。

「哦，我還有一個蘋果。」他驚喜地喊道。

他拿著那顆蘋果，深一腳淺一腳地在大漠裡尋找著出路。

整整一個晝夜過去了，他仍未走出空曠的大漠，飢餓、乾渴、疲憊一起湧上來，望著茫茫無際的沙漠海，有好幾次他都覺得自己快要支持不住了，可是看一眼手裡的蘋果，他抿了抿乾裂的嘴唇，陡然又添了些許力量。

頂著炎炎烈日，他又繼續艱難地跋涉。他心中不停地默念著：「我還有一個蘋果，我還有一個蘋果……」

三天以後，他終於走出了大漠。

最後的一個希望

☑ 在生命的旅途中，我們常常會遭遇各種挫折和失敗，這時，不要輕易地放棄，認為自己什麼都沒了。其實只要心頭堅定一個信念，努力地去找，總會找到幫助自己渡過難關的那「一個蘋果」。

我們都有自己的那一個蘋果，只是有的人早早吃掉了。要知道，這些人放棄的是多麼珍貴的東西啊！

心裡的門

一位失敗者去拜訪一名成功者，想去向他請益成功之法。遠遠的，他看見成功者就在一道旋轉門的後面。

「你能不能告訴我，成功有什麼竅門？」失敗者虔誠地請教著。

成功者用手一指他的身後：「就是你身後的這扇門。」

失敗者回過頭去，只見剛才帶他進來的那扇門正慢慢地旋轉著，把外面的人帶進來，把裡面的人送出去。兩邊的人都順著同一個方向進進出出，誰也不影響誰。

「就是這同一扇門，把裡面的人送出去，把外面的人送進來。

其實，我們每個人的心裡都有一扇門，是用不同材料做的。

有的人是帶鎖的木門，成功快樂時就打開，而失敗痛苦時就關閉，把自己鎖在黑暗裡。有的人是旋轉的玻璃門，不管成功還是失敗，快樂還是痛苦，總是讓自己的心靈之門旋轉起來，把失敗和痛苦旋轉出去，讓希望和未來旋轉進來，在旋轉中尋找機會，把握未來，找到一個新的人生舞台！」

☑ 希望和現實的差距產生了痛苦，而成功其實就是一個經歷痛苦的過程。所謂的放棄，實際上是你缺乏把痛苦變成磨練的勇氣。

自信源自於對自我的肯定

愛迪生在未成名之前，只是一個默默無聞的工人。

有一次，他走在路上，遇到了一個好朋友。那位朋友關心地跟他說：「看你身上這件大衣這麼破，你應該換一件新的了。」

「需要嗎？在這裡又沒人認識我。」愛迪生毫不在乎地回答。

過了幾年，愛迪生成了家喻戶曉的大發明家，他的發明，為全人類帶來無限便利。

有一天，愛迪生又在街頭碰上了那個朋友。

「哎呀，」那位朋友驚叫起來：「你怎麼還在穿這件破大衣？你現在身分可不同，無論如何你都要換一件新的外套了！」

「不用啊！現在，人人都認識我了，我又有什麼好隱藏的呢？」愛迪生一逕瀟灑地回答。

☑ 外表不能代表什麼；你的價值不是由外表這些事物決定，而是你對於自己的肯定。

肯定別人，肯定自我

一個教授在課堂上出了一項研究作業給學生；他給學生一人一條藍緞帶，並要求學生去找對自己有幫助的人，並將此藍緞帶別在那人的衣襟上。並要求觀察所產生的結果，一個星期後回到班級報告。

一個男同學想起了他打工時的主管，便決定去找他，並且謝謝他對自己的影響；這位主管曾指導他、並鼓勵他完成生涯規劃，這也是他後來努力考上大學的原因之一。

那個男同學將那條藍緞帶別在主管的襯衫上，並且對他解釋說：「我們正在做一項研究，我們必須將藍色緞帶送給自己所感謝和尊敬的人；並且希望你們也繼續這麼做。」

過了幾天，這位主管去看他的老板。他想起老闆是個嚴肅的人，但卻極富才華。他向老板表示十分仰慕他的創作天分，老板聽了十分驚訝。

這個主管接著要求他接受藍色緞帶，並允許他幫助他別上。一臉吃驚的老板爽快地答應了。那主管將緞帶別在老板的外套上，並對他說明了緞帶的緣由：「這是一個男孩子送我的，希望你也能將這個緞帶繼續傳遞下去。」

那天晚上，老板回到家中，坐在正處青春期兒子的身旁，告訴他：「今天發生

了一件不可思議的事。有一個年輕的同事告訴我，他十分仰慕我的創造天分，還送我一條藍色緞帶。並告訴我，我能送給自己感謝尊敬的人。

當我今晚開車回家時，我開始思索要把別針送給誰呢？我想到了你，你就是我要感謝的人。這些日子以來，我回到家裡並沒有花許多精神來照顧你、陪你，我真是感到慚愧。

有時我會因你的學校成績不夠好，房間太過髒亂而對你大吼大叫。但今晚，我只想坐在這兒。讓你知道你對我有多重要，除了你媽媽之外，你是我一生中最重要的人。我的孩子，我愛你。」

他的孩子聽了十分驚訝，他開始嗚咽啜泣，最後哭得無法自制，身體一直顫抖。他看著父親，淚流滿面地說：「爸，我原本計劃明天要自殺。我以為你根本不愛我，現在我想已經沒有必要了。」

☑

如果不被人重視，一個人慢慢就會自暴自棄，感覺自己是一個沒有用的人。一旦認識到自己的價值，或者讓別人認識到他的價值，他的世界就會截然不同。

所以，不要忘記給自己和別人幾分賞識。

培育文化 人與人系列 65

這輩子只做一件事，那就是為自己做決定

編著 王佳茹
責任編輯 林秀如
美術編輯 姚恩涵
封面設計 林鈺恆

出版者 培育文化事業有限公司
信箱 yungjiuh@ms45.hinet.net
地址 新北市汐止區大同路3段194號9樓之1
電話 （02）8647-3663
傳真 （02）8674-3660
劃撥帳號 18669219
CVS代理 美璟文化有限公司
TEL／(02)27239968
FAX／(02)27239668

總經銷：永續圖書有限公司
永續圖書線上購物網
www.foreverbooks.com.tw

法律顧問 方圓法律事務所 涂成樞律師
出版日期 2019年12月

國家圖書館出版品預行編目資料

這輩子只做一件事,那就是為自己做決定 /
王佳茹編著. --一版. --新北市:培育文化,
民108.12 面; 公分.-- (人與人系列 ; 65)
ISBN 978-986-98057-6-6(平裝)
1.修身 2.生活指導

192.1 108018126

※為保障您的權益，每一項資料請務必確實填寫，謝謝！

姓名		性別	□男　□女
生日	年　月　日	年齡	
住宅地址	郵遞區號□□□		
行動電話		E-mail	

學歷

□國小　□國中　□高中、高職　□專科、大學以上　□其他______

職業

□學生　□軍　□公　□教　□工　□商　□金融業

□資訊業　□服務業　□傳播業　□出版業　□自由業　□其他______

謝謝您購買 **這輩子只做一件事，那就是為自己做決定** 與我們一起分享讀完本書後的心得。務必留下您的基本資料及電子信箱，使用我們準備的免郵回函寄回，我們每月將抽出一百名回函讀者，寄出精美禮物以及享有生日當月購書優惠！想知道更多更即時的消息，歡迎加入"永續圖書粉絲團"

您也可以使用以下傳真電話或是掃描圖檔寄回本公司電子信箱，謝謝！

傳真電話：（02）8647-3660　電子信箱：　yungjiuh@ms45.hinet.net

●請針對下列各項目為本書打分數，由高至低5～1分。

	5 4 3 2 1		5 4 3 2 1
1.內容題材	□□□□□	2.編排設計	□□□□□
3.封面設計	□□□□□	4.文字品質	□□□□□
5.圖片品質	□□□□□	6.裝訂印刷	□□□□□

●您購買此書的地點及店名______

●您為何會購買本書？

□被文案吸引　□喜歡封面設計　□親友推薦　□喜歡作者

□網站介紹　□其他______

●您認為什麼因素會影響您購買書籍的慾望？

□價格，並且合理定價是______　□內容文字有足夠吸引力

□作者的知名度　□是否為暢銷書籍　□封面設計、插、漫畫

●請寫下您對編輯部的期望及建議：

2 2 1 - 0 3

新北市汐止區大同路三段194號9樓之1

傳真電話：（02）8647-3660
E-mail：yungjiuh@ms45.hinet.net

廣 告 回 信
基隆郵局登記證
基隆廣字第200132號

培育

文化事業有限公司

讀者專用回函

這輩子只做一件事，
那就是為自己做決定

培養文化育智心靈的好選擇